TOP 10 DUBROVNIK

& DALMATINISCHE KÜSTE

ROBIN & JENNY MCKELVIE

DK

Links **Ausflugsboot in Cavtat** Rechts **Fischplatte im Restaurant Noštromo, Split**

www.dorlingkindersley.de

Produktion *DP Services, London*
Texte *Robin & Jenny McKelvie*
Fotografien *Antony Souter*
Kartografie *Mapping Ideas Ltd.*
Redaktion & Gestaltung *Dorling Kindersley Ltd.*

Aktualisierte Neuauflage 2014 / 2015

Programmleitung *Dr. Jörg Theilacker, DK Verlag*
Projektleitung *Stefanie Franz, DK Verlag*
Übersetzung *Barbara Rusch, München*
Redaktion *Bernhard Lück, Augsburg*
Schlussredaktion *Philip Anton, Köln*
Satz und Produktion *DK Verlag*
Druck *Leo Paper Products, China*

ISBN 978-3-8310-2361-5
4 5 6 7 17 16 15 14

Die Top-10-Listen in diesem Buch sind nicht nach Rängen oder Qualität geordnet. Alle zehn Einträge sind in den Augen des Herausgebers von gleicher Bedeutung.

Inhalt

Top 10 Dubrovnik & Dalmatinische Küste

Die Informationen in diesem Top-10-Reiseführer werden regelmäßig aktualisiert.

Angaben wie Telefonnummern, Öffnungszeiten, Adressen, Preise und Fahrpläne können sich jedoch ändern. Der Verlag kann für fehlerhafte oder veraltete Angaben nicht haftbar gemacht werden. Für Hinweise, Verbesserungsvorschläge und Korrekturen ist der Verlag dankbar. Bitte richten Sie Ihr Schreiben an:

Dorling Kindersley Verlag GmbH
Redaktion Reiseführer
Arnulfstraße 124 • 80636 München
travel@dk-germany.de

Links **Onofrio-Brunnen auf dem Stradun, Dubrovnik** Rechts **Fluss Čikola, Nationalpark Krka**

Links **Altstadt, Dubrovnik** Rechts **Kroatisches Nationaltheater, Split**

Dubrovnik im Internet **www.visitdubrovnik.hr**

TOP 10 DUBROVNIK & DALMATINISCHE KÜSTE

TOP 10 Highlights

Sonne, Natur, Segeln, frische Meeresfrüchte – das Meer rund um Dubrovnik bietet all dies und noch viel mehr. An der fantastischen dalmatinischen Küste mit den mächtigen Kalksteinbergen und dem azurblauen Adriatischen Meer warten Hunderte von bewohnten und unbewohnten Inseln auf Besucher. Die lange, wechselhafte Geschichte der Region spiegelt sich auch in den historischen Vierteln der Städte wider, die mit ihrer Lebendigkeit alles andere als »Museumsatmosphäre« verströmen. Dies gilt auch in besonderem Maß für Dubrovnik. Die von der UNESCO zum Welterbe erklärte Stadt wurde im Kroatienkrieg in den frühen 1990er Jahren von der jugoslawischen Volksarmee belagert und beschädigt. Heute erstrahlt sie wieder in altem Glanz.

1 Stadtmauer, Dubrovnik

Jahrhundertelang haben die mächtigen Mauern Dubrovnik vor Feinden beschützt. Sie bieten einen herrlichen Panoramablick auf die mehr als eindrucksvolle Innenstadt *(siehe S. 8f).*

2 Stradun, Dubrovnik

Die lange und elegante Fußgängerzone der Altstadt von Dubrovnik ist von vielen Kirchen, Palästen, Läden, Brunnen und Straßencafés gesäumt. Hier finden viele Feste und Prozessionen statt *(siehe S. 10–13).*

3 Rektorenpalast, Dubrovnik

Zur Zeit der Republik Ragusa residierte das Oberhaupt der Stadt in diesem Komplex aus Bauten der Gotik und der Renaissance. Der imposante Palast dient heute als Museum und Kulturzentrum *(siehe S. 14f).*

4 Korčula-Stadt

Ob Marco Polo hier das Licht der Welt erblickte oder nicht – die zwischen Meer und Bergen auf einer Halbinsel gelegene Stadt ist einfach wunderschön. Die Kathedrale zählt zu den bezauberndsten Sakralbauten im ganzen Adriaraum *(siehe S. 16f).*

Vorhergehende Doppelseite **Blick von Dubrovniks Stadtmauer**

5 Trogir

Die auf einer Insel gelegene, perfekt erhaltene historische Stadt umfasst Kirchen, Paläste und eine der schönsten Kathedralen in ganz Europa. Die gesamte Altstadt zählt zum UNESCO-Welterbe *(siehe S. 18f)*.

6 Nationalpark Krka

Der idyllische Nationalpark bei Šibenik schützt die Natur am Mittel- und Unterlauf des Flusses Krka. Mit seinen Seen, Wasserfällen und Flüssen ist er bei Kindern und Erwachsenen gleichermaßen beliebt *(siehe S. 20f)*.

7 Diokletianpalast, Split

Der Palastkomplex des römischen Kaisers Diokletian gehört heute zum UNESCO-Welterbe. Er bildet das eindrucksvolle Zentrum der herrlich mediterranen Stadt Split *(siehe S. 22f)*.

8 Nationalpark Kornati

Die weitgehend unbewohnte Inselkette im Adriatischen Meer ist ein Paradies für Segler und alle, die Hektik und Stress des Alltags den Rücken kehren möchten *(siehe S. 26f)*.

9 Kathedrale Sv. Jakov, Šibenik

Die 1991 im Kroatienkrieg entstandenen Schäden wurden beseitigt. Heute zählt die Kathedrale wieder zu Europas schönsten Gotteshäusern und zum Welterbe der UNESCO *(siehe S. 28f)*.

10 Altstadt, Zadar

In der uralten, quirligen Stadt treffen slawische Kultur und römisches Erbe auf einer herrlichen Halbinsel zusammen *(siehe S. 30f)*.

Dalmatien im Internet **www.dalmatia.hr**

TOP 10 Stadtmauer, Dubrovnik

Dubrovniks mächtige Stadtmauer ist an einigen Stellen bis zu sechs Meter dick und 22 Meter hoch. Die imposanten Wehrbauten schützten jahrhundertelang eine der am besten erhaltenen mittelalterlichen Städte Europas sowie die Unabhängigkeit des Stadtstaates. Der Mauerring zwischen den steilen Klippen im Norden und dem Adriatischen Meer im Süden war für Piraten und Eroberer eine unüberwindliche Barriere. Erst als die Schlüssel der Stadttore am 31. Januar 1808 an die Franzosen übergeben wurden, legte sich über die Republik Ragusa (wie Dubrovnik früher hieß) endgültig der Mantel der Geschichte.

Treppen führen zum Rundgang auf den Mauern

Die Bar Buža außerhalb der Südmauern bietet kein Essen, aber kalte Getränke und einen fantastischen Blick über Adria und Lokrum. Folgen Sie ab der Jesuitenkirche dem Hinweis »Kalte Getränke«.

Nehmen Sie Mineralwasser mit – Getränke gibt es nur am Stand an der Südseite.

- *Karte H4*
- *Zugang von Stradun (beim Pile-Tor), Festung Sv. Ivan & Turm Sv. Luka; Jan & Feb: tägl. 10–15 Uhr; März, Nov & Dez: tägl. 9–15 Uhr; Apr & Mai: tägl. 9–18.30 Uhr; Juni & Juli: tägl. 8–19.30 Uhr; Aug–Mitte Sep: tägl. 8–19 Uhr; Mitte Sep–Okt: tägl. 8–19 Uhr; Eintritt: Erwachsene 90 K, Kinder & Jugendliche (5–18 Jahre) 30 K; Audio-Handsets erhältlich*
- *Schifffahrtsmuseum: 020 323 904; Di–So 9–18 Uhr (Winter: bis 16 Uhr); Eintritt: Erwachsene 70 K, Schüler & Studenten 25 K*

Top 10 Mauerring

1. Pile-Tor
2. Minčeta-Turm
3. Ploče-Tor
4. Festung Revelin
5. Dachlandschaft
6. Festung Sv. Ivan
7. Schifffahrtsmuseum
8. Getränkestand
9. Bastion Bokar
10. Bootsfahrt

1 Pile-Tor

Das große westliche Tor zur Altstadt *(rechts)* führt über eine Zugbrücke zum Stradun hinunter. Achten Sie auf die Figur des Stadtpatrons, des hl. Blasius, über dem Tor sowie auf die etwas entfernter angebrachte, modernere Darstellung von Ivan Meštrović.

2 Minčeta-Turm

Nördlich des Pile-Tors führt eine Treppe hinauf zum Wehrturm *(unten)* aus dem 15. Jahrhundert. Der Blick bei Sonnenuntergang lohnt den Aufstieg.

3 Ploče-Tor

Von der Brücke zum Ploče-Tor *(oben)* an der östlichen Mauer hat man einen unglaublichen Blick auf die Stadt und den alten Hafen.

4 Festung Revelin

Der Bau (16. Jh.) bei der Ostmauer dient im Sommer für Ausstellungen, Konzerte und Tanzveranstaltungen.

Mit der Dubrovnik Card ist der Eintritt zu Stadtmauer und Schifffahrtsmuseum frei **siehe S. 107**

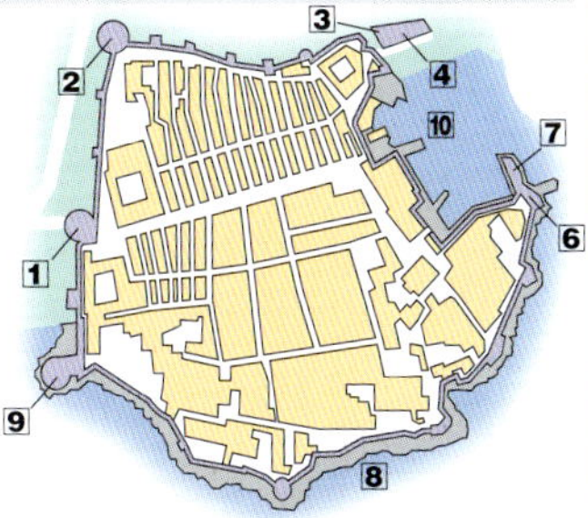

5 Dachlandschaft

Die Spuren der Belagerung von 1991/92 sieht man am Abschnitt um den alten Hafen. Dort heben sich die schönen alten Dachziegel deutlich von den neuen Ersatzziegeln ab, die aus Frankreich und Slowenien importiert wurden *(oben)*.

Pile-Tor

6 Festung Sv. Ivan

Die Festung *(rechts)* beschützte den alten Hafen vor nahenden feindlichen Schiffen und war zu ihrer Zeit ein hochmoderner Militärbau. Mit dem Bau begann man im 14. Jahrhundert, bis weit ins 16. Jahrhundert wurde die Feste verstärkt.

7 Schifffahrtsmuseum

Das Museum *(siehe S. 40)* in der Festung Sv. Ivan zeigt das reiche maritime Erbe der Republik Ragusa. Zu den Exponaten zählen zahlreiche Schiffsmodelle, Sepia-Fotografien vom Hafen und historische Karten.

8 Getränkestand

An der Südseite der Stadtmauer befindet sich der Getränkestand mit Stühlen im Freien. Hier kann man mit Blick auf die imposanten Befestigungen und die Insel Lokrum herrlich rasten.

9 Bastion Bokar

Die von Michelozzo Michelozzi entworfene Renaissancebastion wacht über den ursprünglichen Hafen der Stadt. Von hier sieht man die Festung Lovrijenac.

10 Bootsfahrt

Einen ganz anderen Blick auf die Stadtmauer können Sie von den Ausflugsbooten und Wassertaxis aus genießen. Diese legen im alten Hafen ab und fahren um die Grundmauern der Stadt *(links)*, wo die Wellen gegen die Felsen und Befestigungen schlagen.

Libertas

Dubrovniks mächtige Stadtmauer half jahrhundertelang, die Unabhängigkeit der Republik Ragusa zu verteidigen – zu einer Zeit, in der Venezianer und Türken den gesamten Adriaraum eroberten. Machiavelli hätte die Verhandlungskunst gefallen: Die Vertreter der Stadt spielten die verschiedenen Mächte gegeneinander aus und brachten – wenn alle Stricke rissen – die großen Goldreserven Ragusas ins Spiel. Auf ihrer Flagge prangte stolz das Wort *libertas* (Freiheit).

Cafés & Bars in Dubrovnik **siehe S. 65**

TOP 10 Stradun, Dubrovnik

Die auch Placa genannte Fußgängerzone schlägt eine Schneise durch die Altstadt von Dubrovnik. Der Stradun entstand im 12. Jahrhundert, als der schmale Kanal zwischen dem slawischen Dubrovnik auf dem Festland und der römischen Siedlung auf der vorgelagerten Insel aufgefüllt wurde. Er überstand das katastrophale Erdbeben von 1667 und die serbischen Granaten während der Belagerung von Dubrovnik 1991/92. Heute tummeln sich im Sommer unzählige Besucher auf der mit glatten Kalksteinen gepflasterten Straße, die mit Läden, Cafés, Bars und Restaurants aufwartet.

Palais Sponza

Im Café Festival *(siehe S. 65)* in einem eleganten Steinhaus am Stradun gilt »Sehen und Gesehenwerden«. Während des Dubrovnik Festivals sind die Tische im Freien nur schwer zu ergattern.

Den Stradun sollten Sie auch einmal abends im romantischen Licht der Straßenlaternen genießen.

- *Sv. Spas: Karte H4; tägl. 9–16 Uhr*
- *Franziskanerkloster: Karte H4; Apr–Okt: tägl. 9–18 Uhr; Nov–März: tägl. 9–14 Uhr (Gruppen nach Voranmeldung bis 17 Uhr); 25. Dez geschl.; Eintritt: Erwachsene 30 K, Kinder 15 K*
- *Sv. Vlaho: Karte J5; tägl. 8–20 Uhr; Eintritt frei*
- *Gedenkraum für die Verteidiger Dubrovniks: Palais Sponza; Karte J5; 020 321 032; Mai–Okt: tägl. 9–21 Uhr; Nov–Apr: tägl. 10–15 Uhr; Eintritt frei*

Top 10 Straßenflair

1. Fensterläden & Lampen
2. Café-Kultur
3. Großer Onofrio-Brunnen
4. Sv. Spas
5. Franziskanerkloster
6. Rolandsäule
7. Uhrturm
8. Palais Sponza
9. Kleiner Onofrio-Brunnen
10. Sv. Vlaho

1 Fensterläden & Lampen

Ein Musterbeispiel gelungener Stadtplanung sind die Fensterläden und Lampen am Stradun *(rechts)*. Durch ihren einheitlichen Grünton verleihen sie der Straße eine ruhige Ästhetik, wie man sie in europäischen Städten heute selten findet.

2 Café-Kultur

Machen Sie es wie die Einheimischen und genießen Sie etwas Zeit in einem Straßencafé *(oben)*. Am Stradun haben viele Cafés Tische im Freien, die im Sommer heiß begehrt sind.

Stradun

3 Großer Onofrio-Brunnen

Der Brunnen aus dem 15. Jahrhundert *(unten)* war während der Belagerung 1991/92 beschädigt worden. Hier wuschen sich einst Reisende.

Shopping in Dubrovnik **siehe S. 63**

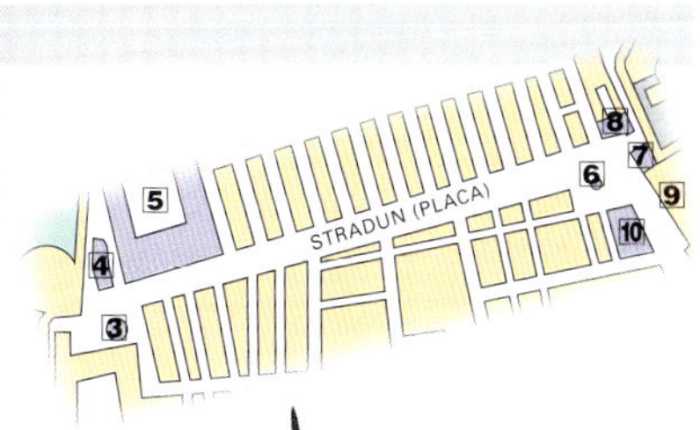

4 Sv. Spas

Die Renaissancefassade der Erlöserkapelle kontrastiert mit dem bunten Inneren. Hier finden Konzerte *(oben)* und Ausstellungen statt, oft mit Werken moderner dalmatinischer Künstler.

5 Franziskanerkloster

Die Kreuzgänge und üppigen Gärten des Klosters aus dem 14. Jahrhundert erinnern wie die faszinierenden Exponate des Klostermuseums an das alte Dubrovnik. Es empfiehlt sich, früh herzukommen *(siehe S. 12f).*

6 Rolandsäule

Die geheimnisvolle Statue *(links)* bewacht die Stelle, an der der Stradun in den Luža-Platz mündet. Legenden zufolge schlug der sagenhafte Ritter im 8. Jahrhundert Piraten in die Flucht und bewahrte so die Stadt vor einer Katastrophe.

7 Uhrturm

Der im Jahr 1929 renovierte Turm mit dem eindrucksvollen Zeitmesser *(rechts)* stammt aus dem 15. Jahrhundert. Die Originale der Glocken werden im Palais Sponza aufbewahrt.

8 Palais Sponza

Die Inschrift »Wir dürfen nicht betrügen und keine falschen Maße benutzen, und wenn ich abwiege, wägt Gott mich« weist auf die frühere Rolle des Palais (16. Jh.) als Zollhaus und Münze hin. Heute sind hier das Staatsarchiv und der Gedenkraum für die Verteidiger Dubrovniks.

Das Erdbeben von 1667

Das Erdbeben von 1667 zerstörte das im Stil von Gotik und Renaissance gestaltete Zentrum von Dubrovnik, legte viele bedeutende Bauten in Schutt und Asche und tötete 5000 Menschen. Infolge der schrecklichen Tragödie entstand eine der eindrucksvollsten europäischen Barockstädte. Die sorgfältig innerhalb der mächtigen Befestigungen angelegte Stadt widerstand allen Angreifern und unterlag erst im frühen 19. Jahrhundert den Truppen Napoléons.

9 Kleiner Onofrio-Brunnen

Der »kleine Bruder« (15. Jh.) des großen Onofrio-Brunnens plätschert in einem Gebäude am Rektorenpalast und wird oft übersehen.

10 Sv. Vlaho

In der Blasiuskirche *(rechts)* am Ende des Stradun hält eine Figur des Stadtpatrons (hl. Blasius) ein Modell der Stadt, wie sie vor dem Erdbeben 1667 aussah.

Kathedralen & Kirchen **siehe S. 38f**

Links **Romanischer Kreuzgang** Mitte **Franziskuskirche** Rechts **Gotisches Portal**

TOP 10 Franziskanerkloster, Stradun

1 Romanischer Kreuzgang
Mihoje Brajkovs großartiger Kreuzgang aus dem 14. Jahrhundert mit seinen eleganten Säulen lohnt einen Besuch. Kommen Sie am besten früh am Morgen oder spätnachmittags, wenn weniger Besucher unterwegs sind.

2 Innenhof
Hier kann man den Kreuzgang und die eindrucksvolle Balustrade bewundern.

3 Fresken
Die Fresken im Kreuzgang thematisieren das Leben des hl. Franziskus und dessen Tiere.

4 Glockenturm
Der überkuppelte Glockenturm aus dem 14. Jahrhundert ragt majestätisch über dem Klosterhof auf und beherrscht das westliche Ende des Stradun. Ihn zieren gotische und romanische Elemente.

Glockenturm

5 Apotheke
Im Kloster sind eine der ältesten Apotheken Europas und eine pharmazeutische Sammlung (15. Jh.) untergebracht. Die Apotheke verkauft noch heute Medikamente (Mo–Sa 8–14 Uhr).

6 Franziskuskirche
Der Originalbau aus dem 14. Jahrhundert fiel größtenteils dem Erdbeben von 1667 zum Opfer. Sehenswert in der im 18. Jahrhundert wieder aufgebauten Kirche sind die prachtvollen Marmoraltäre und die von Cherubim umrahmte Orgel.

7 Gotisches Portal
Das Südportal ist das einzige Relikt der Originalkirche aus dem 14. Jahrhundert. Es zeigt eine beeindruckende Pietà von Petar und Leonardo Petrović.

8 Bibliothek
Das Klostermuseum hütet Kroatiens größte Handschriftensammlung mit über 1200 Exemplaren aus dem Mittelalter.

9 Porträts
Porträts von berühmten Bürgern der Stadt, etwa des Mathematikers Ruđer Bošković (1711–1787), zieren die Wände der Bibliothek.

10 Ivan-Gundulić-Denkmal
Ein Schild an der Nordmauer der Kirche erinnert an den Dichter Ivan Gundulić (17. Jh.), der im Kloster begraben ist.

Öffnungszeiten des Franziskanerklosters **siehe S. 10**

Links **Gemälde von Dubrovnik** Mitte **Relief des hl. Franziskus** Rechts **Nachbau der alten Apotheke**

TOP 10 Klostermuseum

1 Gemälde von Dubrovnik

Das Bild *(oben)* zeigt das mittelalterliche Dubrovnik vor der Zerstörung durch das katastrophale Erdbeben von 1667.

Porträt des hl. Blasius

2 Artillerieschäden

Am 6. Dezember 1991, heute bekannt als »Schwarzer Freitag«, wurde die Stadt von serbischen Raketen getroffen. Die vielen Einschusslöcher wurden als Mahnmale an die Schäden, die das Kloster erlitt, erhalten.

Einschusslöcher

3 Kriegsbericht

In einem unauffällig unter dem Gemälde von Dubrovnik platzierten Buch sind die Schäden verzeichnet, die das Kloster während der Belagerung von 1991/92 durch 54 direkte Einschüsse erlitt.

4 Raketen

In einer Ecke beim Eingang des Museums liegen noch immer Teile von einigen Raketen, die dem friedvollen Ort schwere Zerstörung brachten.

5 Fuß des hl. Blasius

Der kostbarste Besitz der Reliquiensammlung ist der Fuß des hl. Blasius in einem stiefelförmigen Behälter aus Silber und Gold.

6 Religiöse Malerei

Ein Höhepunkt der Sammlung sakraler Kunst ist das Porträt des hl. Blasius mit dem fantastischen goldenen Hintergrund.

7 Osman

Zu den Schätzen der Klosterbibliothek zählt eine Kopie des *Osman* von Ivan Gundulić. Das Meisterwerk des Dichters feiert einen berühmten Sieg der Slawen über die Osmanen.

8 Tränke & Gifte

In einem Nachbau der originalen Klosterapotheke stehen übereinandergereiht Apothekermaße und traditionelle Arzneimittel, darunter auch tödliche Gifte.

9 Steinreliefs

An einer Seite des Museums befinden sich auf einem kleinen offenen Platz Überreste von Steinmetzarbeiten des Gebäudes, darunter auch Chimären und Teile von alten Grabsteinen.

10 Hl. Franziskus

Das mittelalterliche Steinrelief des hl. Franziskus über dem Museumseingang scheint das Bauwerk zu beschützen.

Näheres zur historischen Bausubstanz der Stadt erfahren Sie unter **www.mein-kroatien.info/Altstadt_von_Dubrovnik**

Top 10 Rektorenpalast, Dubrovnik

Dubrovniks Rektor, das nominell höchste Regierungsmitglied, übte nur wenig Macht aus. Er war einen Monat lang im Amt, lebte in dieser Zeit von seiner Familie getrennt und durfte den Palast nur zu offiziellen Anlässen verlassen. Der Originalbau – mehr Burg als Palast – wurde 1435 gesprengt. Ein an gleicher Stelle errichteter Bau wurde nach einer weiteren Explosion 1463 sowie nach dem Erdbeben von 1667 erneuert und zeigt heute Elemente der Gotik, der Renaissance und des Barock. Auch ohne Rektor spielt die prächtige Residenz noch immer eine wichtige Rolle im kulturellen Leben der Stadt.

Lateinische Inschrift am oberen Ende der Treppe

Das Café Gradska Kavana bietet einen atemberaubenden Blick über den Luža-Platz und den Stradun auf der einen sowie auf den historischen Hafen auf der anderen Seite.

Die Fenster im ersten Stock sind der beste Platz für Fotoaufnahmen der Kathedrale sowie der Volkstanzgruppen, die bisweilen auf der Straße auftreten. Knipsen Sie einfach drauflos, wenn die Fenster geöffnet sind.

- *Pred Dvorom 3*
- *Karte J5*
- *020 321 422*
- *Apr–Okt: tägl. 9–18 Uhr; Nov–März: tägl. 9–16 Uhr*
- *1. Jan, 3. Feb & 25. Dez geschl.*
- *Eintritt: Erwachsene 70 K, Kinder 25 K*

Top 10 Palastzauber

1. Gotischer Säulengang
2. Atrium
3. Statue des Miho Pracat
4. Porträt von Gundulić
5. Statuen des hl. Blasius
6. Kerker
7. Treppe
8. Inschrift
9. Sänften
10. Amtsraum des Rektors

Rektorenpalast

1 Gotischer Säulengang

Für den verzierten Säulengang *(oben)* verwendete man Marmor von der dalmatinischen Insel Korčula. Inmitten der gotischen Säulen stehen drei aus der Renaissance.

2 Atrium

Der kompakte, nicht überdachte Hof bietet einen großartigen Empfang. Heute finden hier auch Kulturveranstaltungen statt, etwa Konzerte des Sinfonieorchesters von Dubrovnik.

3 Statue des Miho Pracat

Pietro Giacomettis auffällig im Atrium platzierte Statue aus dem 17. Jahrhundert stellt den Großreeder Miho Pracat *(links)* von der nahen Insel Lopud dar. Dieser starb kinderlos und vererbte sein Vermögen der Republik Ragusa.

4 Porträt von Gundulić

Dies ist eins der seltenen Porträts von Dubrovniks berühmtem Dichter Ivan Gundulić (1589–1638).

Mit der Dubrovnik Card ist der Eintritt zum Rektorenpalast frei
siehe S. 107

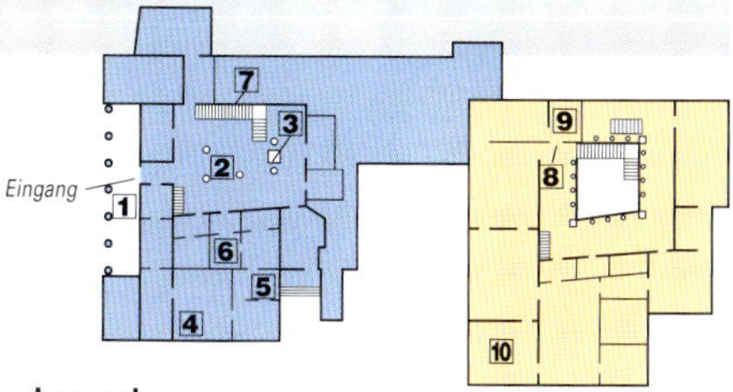

Legende

Erster Stock

Erdgeschoss

5 Statuen des hl. Blasius

Im hiesigen Museum kann man Skulpturen des hl. Blasius aus der Nähe betrachten. Die meisten anderen Darstellungen des Stadtpatrons befinden sich in der Höhe oder hinter Glas in der nach ihm benannten Kirche *(siehe S. 38f)*.

6 Kerker

Das Erdgeschoss diente als Gericht und Kerker der Republik Ragusa. Die dunklen Zellen zeugen von der harten Behandlung der Insassen, die nur von Freunden und der Familie Nahrung und Wasser erhielten.

7 Treppe

Drei lebensechte Hände an jedem Geländer zieren die ziemlich unheimliche Treppe zum ersten Stock. Sie wurde nur einmal im Monat zum Amtsantritt des neuen Rektors benutzt.

8 Inschrift

Die lateinische Inschrift am oberen Ende der Treppe ermahnte die Rektoren streng, sich auf ihre Pflichten und nicht auf persönliche, sondern nur auf öffentliche Angelegenheiten zu konzentrieren.

9 Sänften

In dem kleinen Raum unter der Inschrift erinnert eine Sammlung von Sänften aus dem 18. Jahrhundert *(rechts)* an den Prunk des Stadtadels.

10 Amtsraum des Rektors

In diesem herrlichen, eleganten Raum *(links)* befinden sich das Gemälde *Taufe Christi* von Mihajlo Hamzić (1460–1518) und ein Schreibpult von Luka Giordan (1634–1701).

Eine explosive Geschichte

Der Rektorenpalast war nicht nur Sitz des höchsten Politikers der Republik Ragusa, des Gerichts und des Kerkers, er diente eine Zeit lang auch als Schießpulverdepot. Dies erwies sich allerdings als eine fatale Entscheidung seitens der Verantwortlichen, da das Bauwerk unglücklicherweise zweimal buchstäblich in die Luft flog. Erst nach der zweiten katastrophalen Explosion verlegten die Politiker das Arsenal endlich an einen anderen Ort.

Informationen über Dubrovnik & Kroatien bietet die Kroatische Zentrale für Tourismus **www.croatia.hr/de**

Korčula-Stadt

Es verwundert nicht, dass es Marco Polo wieder in seine Heimatstadt Korčula zog (ob er wirklich dort geboren wurde, ist heftig umstritten). Zweifellos ist die Stadt mit der mosaikartigen Dachlandschaft, der mittelalterlichen Stadtmauer, den spitzen Kirchtürmen, der tiefblauen Adria und der majestätischen Kulisse der Berge von Pelješac wunderschön. Von der ehemaligen venezianischen Herrschaft zeugen u. a. die stolzen venezianischen Löwen: Sie zieren Korčulas Häuser und die dem hl. Markus geweihte Kathedrale.

Kathedrale Sv. Marko

Von der Bar Massimo ***(siehe S. 96)*** **in einer alten Bastion blickt man auf den Pelješki-Kanal.**

In der Hauptsaison findet hier montags und donnerstags die Moreška statt ***(siehe S. 17 & S. 55)*****.**

- *Karte H1*
- *Information: Obala Dr. Franje Tuđmana 4; 020 715 701*
- *Kathedrale Sv. Marko: Trg Sv. Marka; Mo–Sa 9–19 Uhr; Eintritt 15 K*
- *Bischofspalast: Trg Sv. Marka; 020 711 049; Juni–Aug: Mo–Sa 9–19 Uhr; Sep–Mai: nach Voranmeldung; Eintritt 25 K*
- *Stadtmuseum: Trg Sv. Marka; 020 711 420; Apr–Juni: Mo–Sa 10–14 Uhr; Juli–Sep: Mo–Sa 9–21 Uhr; Okt–März: Mo–Sa 10–13 Uhr; Eintritt: Erwachsene 20 K, Kinder 6 K*
- *Marco-Polo-Haus: Depolo; Juli–Aug: Mo–Sa 9–21 Uhr; Apr–Juni & Sep–Okt: Mo–Sa 9–15 Uhr; Eintritt 20 K (Kinder frei)*

Top 10 Stadtflair

1. Stadtmauer
2. Landtor & Treppe
3. Rathaus
4. Kathedrale Sv. Marko
5. Schatzkammer der Abtei
6. Stadtmuseum
7. Marco-Polo-Haus
8. Ikonensammlung
9. Kirchen
10. Strände

Korčula-Stadt

1 Stadtmauer

Die gewaltige Stadtmauer Korčulas hielt 1571 auch einem Angriff der Osmanen stand. Ein großer Teil der Mauer musste inzwischen einer Straße weichen, einige Abschnitte blieben jedoch erhalten. Dort ragen wie einst drohende Kanonen auf den Pelješki-Kanal hinaus *(oben)*. Ein paar Bastionen halten noch immer Wache.

2 Landtor & Treppe

Die Treppe zum Landtor *(rechts)* bietet einen eindrucksvollen Eingang zur Altstadt. Das Tor war früher Teil einer Bastion aus dem 14. Jahrhundert und bildete ein äußerst wichtiges Bollwerk auf der Mauer.

3 Rathaus

Im Landtor befindet sich das Rathaus (16. Jh.). Dessen kleine Loggia ist ein Teil des venezianischen Erbes.

4 Kathedrale Sv. Marko

Die Markuskathedrale aus dem 15. Jahrhundert zählt zu den schönsten Sakralbauten der Adria-Inseln. Im Inneren finden sich Stilelemente aus Gotik und Renaissance.

Website des Fremdenverkehrsbüros in Korčula
www.visitkorcula.eu

5 Schatzkammer der Abtei

Die Schatzkammer südlich der Kathedrale besitzt Arbeiten von Künstlern aus Dubrovnik und Venedig, u. a. Meisterwerke von Blaž Jurjev Trogiranin und Ivan Meštrović sowie von Bassano und Carpaccio *(rechts)*.

6 Stadtmuseum

Nahe der Kathedrale residiert im herrlichen Gabriellis-Palast (16. Jh.) am Hauptplatz das kleine Stadtmuseum. Es beherbergt u. a. die Nachbildung einer griechischen Tafel aus dem 4. Jahrhundert v. Chr.

7 Marco-Polo-Haus

Das angebliche Geburtshaus Marco Polos wurde renoviert und in ein Museum umgebaut. Vom Turm hat man einen schönen Blick über die Dächer Korčulas.

8 Ikonensammlung

In einer Halle der Allerheiligen-Bruderschaft, der ältesten Bruderschaft in Korčula, gibt es eine Sammlung von Objekten für Zeremonien und Prozessionen. Außerdem befinden sich hier neun Ikonen aus der Zeit vom 14. bis zum 17. Jahrhundert. Die Ikonen wurden einst von der Insel Kreta nach Korčula gebracht.

9 Kirchen

Im kleinen Korčula stehen zahlreiche Kirchen. Sehenswert sind in der Altstadt die Allerheiligenkirche Svi Sveti *(links)*, die Michaelskirche Sv. Mihovil und die Kapelle Unserer Lieben Frau von Ploče.

10 Strände

Östlich der Stadt locken an heißen Tagen kleine Strände und das kühlende Meer. Busse (in der Saison Boote) fahren die kurze Strecke zu den besseren Stränden von Lumbarda *(oben)*.

Moreška

Korčula ist die einzige dalmatinische Insel, auf der man die (»maurische«) Moreška noch mit echten Schwertern tanzt. Der aus dem 12. Jahrhundert stammende Tanz wird seit dem 16. Jahrhundert in Korčula aufgeführt und gilt als Darstellung des Sieges des Christentums über den Islam in Spanien. In seiner heute vereinfachten Form versucht der Weiße König (Christentum), seine Geliebte aus der Gefangenschaft des Schwarzen Königs (Islam) zu befreien. Der Weiße König gewinnt schließlich den Kampf.

Auch wenn es viele Historiker bestreiten: In Korčula behauptet man, Marco Polo wäre hier geboren.

TOP 10 Trogir

Trogir ist einer der schönsten Orte im gesamten Mittelmeerraum und zählt zum Welterbe der UNESCO. Brücken verbinden das auf einer Insel gelegene, von orangefarbenen Dächern und traditionellen Steinhäusern geprägte Städtchen sowohl mit dem Festland als auch mit der Insel Čiovo. Trogir wartet mit einer mehr als bemerkenswerten Kathedrale auf. Die fantastisch erhaltene Altstadt ist eine Fußgängeroase, in der der Besucher mit jedem Schritt weiter in die Vergangenheit entführt wird. Selbst die Besucherscharen im Sommer können den Zauber der Stadt nicht mindern.

Landtor

Die palmengesäumte Riva ist ideal für eine Kaffeepause oder eine Mahlzeit.

Von der Insel Čiovo hat man einen schönen Altstadt-Blick.

• Karte D5 • Information: Trg Ivana Pavla II 1; 021 885 628; www.tztrogir.hr • Glockenturm der Kathedrale Sv. Lovre, Baptisterium & Schatzkammer: Trg Ivana Pavla II; 021 881 426; Juni–Sep: tägl. 9–20 Uhr; Eintritt 15 K • Kamerlengo-Festung: Apr–Okt: tägl. 8–22 Uhr; Eintritt 10 K • Stadtmuseum: Gradska Vrata 4; 021 881 406; Juni & Sep: Mo–Sa 9–12, 17–20 Uhr; Juli & Aug: tägl. 9–13, 17.30–21.30 Uhr; Okt–Mai: Mo–Fr 9–14 Uhr; Eintritt: Erwachsene 15 K, Kinder 10 K • Sv. Ivan Krstitelj: Trg Ivana Pavla II; Mai–Sep: tägl. 9–19 Uhr; Okt–Apr: nach Voranmeldung • Sv. Nikola: Gradska 2; Mai–Sep: tägl. 10–12 Uhr, 16–18.30 Uhr; Okt–Apr: nach Voranmeldung; Eintritt 5 K

Top 10 Altstadt

1. Kathedrale Sv. Lovre
2. Kamerlengo-Festung
3. Stadtmuseum
4. Loggia & Uhrturm
5. Ćipiko-Palast
6. Marmonts Gloriette
7. Sv. Ivan Krstitelj
8. Sv. Nikola
9. Riva
10. Landtor

1 Kathedrale Sv. Lovre

Herrlich sind das verzierte Westportal (13. Jh.) mit biblischen Szenen von dem in Trogir geborenen Bildhauer Radovan sowie der üppige Renaissancedekor von Baptisterium und Johanneskapelle *(oben)*. Die Sammlung sakraler Kunstwerke präsentiert interessante Gemälde aus dem 14. bis 17. Jahrhundert.

2 Kamerlengo-Festung

Die Feste *(rechts)* bewachte ab dem 15. Jahrhundert Trogirs Westseite. Heute werden im Sommer Konzerte und Filmvorführungen veranstaltet. Auf den Wällen hat man einen schönen Blick auf die Altstadt.

Uferpromenade Riva

3 Stadtmuseum

Trogirs Stadtmuseum im Garagnin-Fanfogna-Palast informiert detailliert über die wechselhafte Geschichte der Stadt. Hier zeigt man griechische und römische Exponate ebenso wie erschütternde Dokumente aus der napoleonischen Ära, u. a. Todesurteile für Stadtvertreter, die sich gegen die französische Macht auflehnten.

Öffnungszeiten können sich kurzfristig ändern. Planen Sie dies bei Ihrem Besuch mit ein.

4 Loggia & Uhrturm

Traditionell wurde die Loggia *(links)* zur Bestrafung von Kriminellen genutzt. Das Loch in der Ostmauer entstand, als Aktivisten in den 1930er Jahren als Protest gegen italienische Ansprüche auf dalmatinisches Territorium einen venezianischen Steinlöwen in die Luft sprengten.

5 Ćipiko-Palast

Der grandiose gotische Bau *(unten)* zählt zu den eindrucksvollsten alten Palästen der Stadt. Hier lebte die mächtige Familie Ćipiko, die besonders im 15. Jahrhundert Einfluss in Trogir erlangte.

6 Marmonts Gloriette

In napoleonischer Zeit (1806–13) spannte der höchste französische General der Region, Marmont, hier oben aus. Er genoss den Ausblick und spielte dabei gelegentlich Karten. Trotz des Blicks auf die Čiovo-Werften ist die Gloriette noch immer einen Besuch wert.

7 Sv. Ivan Krstitelj

Die kleine romanische Kirche ist der einzige Überrest eines großen Benediktinerklosters und zudem die letzte Ruhestätte der Familie Ćipiko. Das sehenswerte Relief *Die Beweinung Christi* aus dem 15. Jahrhundert ziert deren Grabstätte.

8 Sv. Nikola

Das bescheidene Kloster birgt eine sehenswerte Kunstsammlung. Hauptattraktion ist das in den 1920er Jahren entdeckte griechische Relief von Kairo aus dem 3. Jahrhundert *(links)*. Bemerkenswert sind auch die Truhen mit Geschenken.

9 Riva

Die Uferpromenade Riva lockt an Sommerabenden Einheimische und Besucher zum Flanieren und Einkehren. Während der Saison kann man hier Bootsausflüge buchen.

10 Landtor

Das imposanteste der verbliebenen Tore gehört zu den Befestigungen, die die Venezianer erbauten. Eine Statue des Stadtheiligen Johannes hält Wache über Ankömmlinge vom Festland.

In Trogir unterwegs

Trogirs historischer Stadtkern ist eine Fußgängerzone. Parkmöglichkeiten bietet ein öffentlicher Parkplatz vor der Nordmauer der Altstadt. Hierzu fährt man nach der Brücke vom Festland rechts. Parkplätze sind im Sommer rar gesät, weshalb viele Besucher mit dem Bus kommen. Die Bushaltestelle befindet sich in der Nähe der Festlandsbrücke in der Jadranska Magistrala.

Cafés & Restaurants in Trogir **siehe S. 86f**

Top 10 Nationalpark Krka

Der Nationalpark Krka birgt eine grandiose Landschaft und lockt als grüne Oase inmitten einer trockenen Umgebung. Der 109 Quadratkilometer große Park erstreckt sich nordöstlich von Šibenik entlang der Krka, einem Fluss mit spektakulären Wasserfällen, Seen und Stromschnellen. Der Besuch lohnt bei jedem Wetter, an heißen Tagen lockt eine Erfrischung im kühlen Nass. Hier kann man Tiere beobachten, historische Bauten besichtigen und an unzähligen malerischen Plätzen einfach die herrliche Umgebung genießen.

Blick auf den Nationalpark Krka

Nahe der Bootsanlegestelle bei Roški Slap bietet das kleine Hoflokal Kristijan hausgemachten *pršut* *(siehe S. 49)*, Käse und Brot. Die freundlichen Besitzer schenken zudem mit Vorliebe den starken Obstbrand *rakija* aus.

Wer den Park von Skradin aus bis zum Kloster Krka erkunden will, sollte früh starten und sich auf einen sehr langen Tag einstellen.

- *Karte C3*
- *Parkbüro: Trg Ivana Pavla II 5, Šibenik; 022 201 777*
- *Eingänge Lozovac & Skradin: tägl. 9–16 Uhr; Eingänge Kistanje, Burnum & Roški Slap: tägl. 10–18 Uhr*
- *Eintritt (je nach Saison): Erwachsene 30–95 K, Kinder (7–14 Jahre) 20–70 K*

Top 10 Parkidylle

1. Skradin
2. Skradinski Buk
3. Mühlen & Ausstellungen
4. Visovac-See
5. Kloster Visovac
6. Među-Gredama-Schlucht
7. Roški Slap
8. Kloster Krka
9. Festung Nečven
10. Natur

Kloster Visovac

1 Skradin

Das reizende Uferstädtchen *(oben)* am südlichen Parkeingang gewinnt bei Seglern immer mehr an Beliebtheit – die Marina ist das ganze Jahr über geöffnet. In einem der zahlreichen einladenden Fischrestaurants kann man nach einem langen Tag im Park bei gutem Essen hervorragend entspannen.

2 Skradinski Buk

47 Meter donnert hier das Wasser über 17 Stufen den Berg hinunter in ein großes Felsenbecken, in dem man herrlich schwimmen kann. Auf dem Weg, der den Berg hinaufführt, genießt man eine atemberaubende Aussicht.

3 Mühlen & Ausstellungen

Bei Skradinski Buk und Roški Slap *(unten)* wurden alte Mühlen in Handwerksläden und Galerien umgewandelt. Angestellte in alten Trachten bieten schöne Fotomotive.

4 Visovac-See

Der Visovac bildet nördlich von Skradinski Buk einen breiten, von Schilf gesäumten See. Im Sommer tanken hier Flugzeuge der Feuerwehr Wasser zum Löschen der Waldbrände.

5 Kloster Visovac

Das auf einer Insel im Visovac-See gelegene kleine Franziskanerkloster aus dem 15. Jahrhundert ist ein beliebtes Ziel für Bootsausflüge. Zum Kloster gehören ein üppiger Garten, eine kleine Kirche, ein bescheidenes Museum und eine herrliche Bibliothek.

6 Među-Gredama-Schlucht

Die Krka rauscht zwischen Visovac-See und Roški Slap durch eine steile, sehr schmale Schlucht, deren Felswände auf beiden Seiten bis über 100 Meter hoch aufragen.

Zur Orientierung

7 Roški Slap

Am besten nähert man sich den tosenden Wassermassen *(oben)*, die sich in die Schlucht ergießen, mit dem Boot. Auf ihrem Weg durch die dichten Wälder der Umgebung stürzt die Krka über Stufen, von denen einige über 25 Meter hoch sind.

8 Kloster Krka

Das schöne, dem Erzengel Michael geweihte orthodoxe Kloster an der Krka am Nordende des Parks erreicht man per Boot in zweieinhalb Stunden vom oberen Rand des Roški Slap. Sehr interessant ist die beachtliche Sammlung von Ikonen, Gemälden, Büchern und Textilien.

9 Festung Nečven

Die Ruinen der kroatischen Küstenfestung Nečven *(oben)* aus dem 14. Jahrhundert wachen eindrucksvoll über den Fluss Krka, der sich hier seinen Weg durch eine enge Schlucht bahnt.

10 Natur

Im Park gedeihen rund 1000 verschiedene Pflanzenarten *(links)*, zudem gibt es zahlreiche Vogelarten, 18 Fledermausarten und neun Schlangenarten, darunter eine giftige Vipernart.

Im Nationalpark Krka unterwegs

Am eindrucksvollsten ist die Anfahrt per Boot von Skradin aus. Der Eingang und Skradinski Buk liegen wenige Gehminuten südlich des Landestegs. Die meisten Besucher halten sich an die ausgetretenen Pfade, entlang den Wasserfällen gibt es allerdings auch Plankenwege und Brücken. Auf dem Hügel oberhalb der alten Mühlen und dem Besucherparkplatz mit den Infotafeln über Bootstouren im Park können Sie Eintrittskarten kaufen. Dort zeigt man Ihnen auch den Weg zu den Booten.

Ein informatives Forum zum Erfahrungsaustausch von Kroatienurlaubern finden Sie unter **www.forum-kroatien.de**

Top 10 Diokletianpalast, Split

Splits Stadtzentrum ist in Europa einzigartig. Ursprünglich war es als Palast für den zurückgetretenen römischen Kaiser Diokletian erbaut worden, später fanden hier die Flüchtlinge aus dem nahe gelegenen, im Jahr 614 zerstörten Salona Zuflucht. Auch wenn der Putz an manchen Stellen bröckelt, auf dem Gelände des einst mächtigen Kaiserpalastes – heute ein UNESCO-Welterbe – leben ungefähr 3000 Menschen, drängen sich lebhafte Bars und charmante Kunstläden. Untypisch für die dalmatinische Küste: Im gesamten Komplex pulsiert ganzjährig das Leben.

Glockenturm der Kathedrale am Hafen

Das geräumige Luxor Café im Säulenhof lädt zum Rasten und Entspannen ein.

Mit Ausnahme der Kuppel gibt es im oberen Teil des Palastes nur wenige große Attraktionen, aber mehr Ruhe, einen grandiosen Blick auf die Adria und abends lebhafte Bars.

- *Karte P2–Q2/3*
- *Information: Peristyl; 021 345 606*
- *Katakomben: tägl. 9–21 Uhr; Eintritt: Erwachsene 40 K, Kinder 20 K*
- *Kathedrale Sv. Duje: Peristyl; 021 345 602; Mo–Sa 8–20 Uhr, So 12–20 Uhr; Eintritt 25 K*
- *Glockenturm: Peristyl; Mo–Sa 8–20 Uhr, So 12–20 Uhr; Eintritt 15 K*
- *Stadtmuseum: Papalićeva 1; 021 360 171; Nov–Apr: Di–Fr 9–17 Uhr, Sa 9–13 Uhr, So 10–13 Uhr; Mai–Okt: Di–Fr 9–21 Uhr, Sa–Mo 9–16 Uhr; Eintritt: Erwachsene 20 K, Kinder 10 K*

Top 10 Blickfänge

1. Katakomben
2. Hauptsaal
3. Peristyl
4. Kathedrale Sv. Duje
5. Glockenturm
6. Baptisterium
7. Kuppel
8. Stadtmuseum
9. Porta aurea
10. Porta ferrea

1 Katakomben

Die unterirdischen Palastgewölbe entsprechen den Gängen darüber und sind heute ein Museum. Sie vermitteln einen guten Eindruck von der einstigen Architektur.

2 Hauptsaal

Den tief gelegenen Hauptsaal säumen Souvenirläden. Hier erhält man alles – von Postkarten über Gemälde bis hin zu Figuren von römischen Statuen.

3 Peristyl

Der »Peristyl« genannte, faszinierende Säulenhof *(oben)* war früher der Vorraum zu den kaiserlichen Bereichen. Er ist das Zentrum des Palastkomplexes.

Hauptsaal, Diokletianpalast

4 Kathedrale Sv. Duje

Der romanische Bau über dem Grab des Diokletian birgt eine Kanzel *(unten)* aus dem 13. Jahrhundert und Werke von Juraj Dalmatinac (15. Jh.).

Mit der Split Card ist der Eintritt ins Stadtmuseum frei siehe S. 107

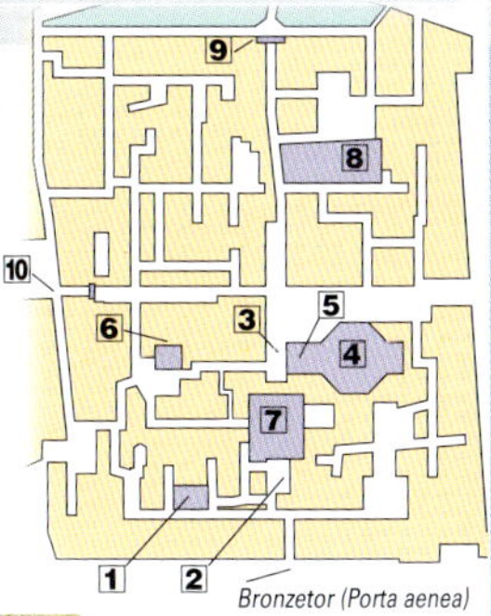

5 Glockenturm

Der hoch über die Kathedrale aufragende Glockenturm wurde erst im 20. Jahrhundert vollendet. Der fantastische Panoramablick über die Stadt *(oben)* lohnt die Mühe des langen Aufstiegs.

6 Baptisterium

Gegenüber der Kathedrale führt eine Gasse zum Baptisterium, dem früheren Jupitertempel, mit Ivan Meštrovićs (1883–1962) herrlicher Skulptur von Johannes dem Täufer *(unten)*.

7 Kuppel

Vom Säulenhof führen Steinstufen zu einem überkuppelten Bereich, in dem früher Gäste auf eine Kaiseraudienz warteten. Nachts kann man durch ein Loch in der Kuppel die Sterne sehen.

8 Stadtmuseum

Im Papalić-Palast aus dem 15. Jahrhundert, östlich vom Säulenhof, residiert das Stadtmuseum. Zu den dortigen Artefakten aus der Geschichte von Split zählen auch Waffen und Rüstungen *(links)*.

9 Porta aurea

Das mächtige Portal führte einst nach Norden zu der nahen Stadt Salona. Dank der Spenden einer lokalen Bank glänzt es nach der Renovierung heute wieder in alter Pracht.

10 Porta ferrea

Das eindrucksvollste Tor von Split hat eine eigene Kirche (Gospa od Zvonika) und einen Uhrturm. Am besten bewundert man das Tor von einem Café auf dem Narodni Trg aus.

Im Diokletianpalast unterwegs

Von der Riva aus betritt man den Diokletianpalast durch das Bronzetor, die Porta aenea. Gehen Sie nach Norden durch den Hauptsaal und an dessen Ende über die Treppe in das Peristyl mit den eleganten Kolonnaden und der imposanten Kathedrale. Nördlich der Kathedrale erhält man im zentralen Fremdenverkehrsbüro Informationen und Karten. Vom Peristyl aus sind die Hauptattraktionen leicht zu finden, sie liegen nur wenige Gehminuten entfernt.

Wenn Sie den Palast durch die Porta aurea verlassen, fällt Ihr Blick auf Ivan Meštrovićs imposante Statue Gregors von Nin **siehe S. 41**

Links **Riva** Rechts **Blick vom Marjan**

Top 10 Weitere Attraktionen in Split

1 Riva

Auf der palmengesäumten Uferpromenade von Split gilt »Sehen und Gesehenwerden«. In den zahlreichen Straßencafés kann man herrlich entspannen und den Fähren zusehen, die in Richtung der nahen Inseln ablegen. *Karte N2*

2 Galerie Meštrović

Es war der Traum des kroatischen expressionistischen Bildhauers Ivan Meštrović (1883–1962), sich in dieser Villa in Split zur Ruhe zu setzen. Heute kann man hier eine schöne Sammlung seiner Werke bewundern *(siehe S. 40)*.

Skulptur in der Galerie Meštrović

3 Marjan

Im Westen der Stadt führen Stufen auf diese grüne Anhöhe hinauf, die zu einem Naturschutzgebiet gehört. Auf dem Gipfel öffnet sich ein fantastischer Blick bis hinüber nach Bosnien sowie über weite Abschnitte der dalmatinischen Küste, deren zahlreiche Inseln an klaren Tagen zum Greifen nah erscheinen. *Karte N5*

4 Archäologisches Museum

Die Sammlungen des Museums umfassen ein breites Spektrum. Die Artefakte stammen aus den römischen, frühchristlichen und mittelalterlichen Epochen der Stadt sowie aus der Zeit der griechischen Herrschaft in Dalmatien *(siehe S. 40)*.

5 Marmontova

Die elegante, moderne Straße am Westrand des Diokletianpalastes säumen viele Designershops. Am Spätnachmittag trifft man hier auf gut gekleidete Einheimische beim Schaufensterbummmel. *Karte N2*

6 Fischmarkt

Der herrlich grelle und farbenfrohe Markt erwacht unter der Woche jeden Morgen lautstark zum Leben. Das breite Angebot an Meeresfrüchten aus der Adria und das Stimmengewirr der gestikulierenden Händler und lauthals verhandelnden Einheimischen bilden ein Spektakel für die Sinne. *Karte N2*

7 Narodni Trg

Die Venezianer verlagerten das Zentrum von Split vom Diokletianpalast nach Westen zu diesem Platz. Hauptattraktion ist das Rathaus aus dem 15. Jahrhundert mit seiner grandiosen Loggia. *Karte P2*

Fischmarkt

Fremdenverkehrsbüro Split **www.visitsplit.com**

8 Trg Republike (Prokurative)

Im Gegensatz zu den römischen Teilen der Stadt entspricht die prächtige Architektur an diesem Platz dem alten Venedig. *Karte N2*

9 Bačvice

Die beliebte kleine Bucht wenige Gehminuten südöstlich vom Zentrum bietet einen beliebten Strand, einen Vergnügungspark und ein aufregendes Nachtleben *(siehe S. 86)*. *Karte Q6*

10 Küstenweg

Ab Bačvice säumen Strände, Cafés und Nachtclubs die Küste. Der frühere Wimbledon-Sieger Goran Ivanišević begann in einem nahe gelegenen Tennisclub seine große Karriere. *Karte Q6*

Top 10 Ereignisse in Diokletians Leben

1. 245: Diokletian wird in Salona in eine einfache dalmatinische Familie geboren.
2. 282: Kaiser Carus erhebt seinen Günstling zum Feldherrn.
3. 283: Carus ernennt Diokletian zum Konsul.
4. 284: Diokletian wird mit nur 39 Jahren römischer Kaiser.
5. 295: Diokletian gibt den Palast am Meer in Split in Auftrag. Der Bau seines Ruhesitzes dauert rund zehn Jahre.
6. 303: Diokletian verbietet das Christentum, lässt Christen verfolgen und alle Kirchen zerstören.
7. 305: Diokletian ist der erste römische Kaiser, der zurücktritt und nicht im Amt stirbt oder ermordet wird.
8. 308: Diokletian lehnt eine erneute Ernennung zum Kaiser ab.
9. 315: Diokletians Gattin Prisca und Tochter Valeria werden von Kaiser Licinius ermordet.
10. um 316: Diokletian vergiftet sich im Palast in Split.

Kaiser Diokletian

Das Leben des Diokletian ist ein Paradebeispiel einer Aufsteigergeschichte: Er wuchs in der dalmatinischen Stadt Salona in bescheidensten Verhältnissen auf und erlebte danach einen kometenhaften Aufstieg im Römischen Reich, wo er höchste militärische Ämter bekleidete. Diokletian bewies einen bemerkenswerten Hang zu großen Bauprojekten: Seine größte Hinterlassenschaft in Kroatien ist der grandiose Altersruhesitz an der Adria – aus diesem gigantischen Palast entstand die Stadt Split. Ungewöhnlicherweise trat er als Kaiser zurück – all seine Vorgänger waren im Amt gestorben. Von seinem herrlichen Palast aus beobachtete er, wie das Römische Reich zu zerfallen begann. In diesen Mauern nahm er sich auch das Leben. Ironischerweise wurde Splits Kathedrale über dem Grab des berüchtigten Christenverfolgers errichtet.

Diokletian verurteilt die Heiligen Cosmas und Damian (Predella der Pala d'Annalena von Fra Angelico, 1434)

Hotels in Split **siehe S. 112 & S. 114**

Top 10 Nationalpark Kornati

Laut George Bernard Shaw entstand die Inselgruppe der Kornaten, weil Gott am letzten Tag der Schöpfung sein Werk krönen wollte – und tatsächlich stellt die Kette aus 89 wunderschönen, im Sonnenlicht glänzenden Inseln in der tiefblauen Adria ein einzigartiges Naturwunder dar. Die 1980 zum Nationalpark erklärten Inseln sind nur spärlich besiedelt, da es nur wenigen Menschen gelang, dem Leben auf diesen felsigen Landstreifen dauerhaft zu trotzen. Heute bevölkern Tagesausflügler, Segler und »inselreife« Stadtmenschen die Kornaten auf der Suche nach einer Auszeit vom Alltagsstress.

Typische weiße Felseninsel ohne Vegetation

Im Laden bei der ACI Piškera Marina auf Panitula Vela kann man auch außerhalb der Saison Lebensmittel und Getränke kaufen.

Die Gewässer der Inseln sind perfekt für Segelanfänger.

- *Karte B4*
- *Nationalparkbüro: Butina 2, 22243 Murter; 022 435 740; www.kornati.hr; Eintritt bei Ticketkauf außerhalb des Parks 150–800 K, bei Ticketkauf im Park 250–1500 K (Preise pro Boot & Tag, abhängig von der Bootsgröße)*
- *Tickets sind in der Saison in den Marinas von Betina (Murter), Biograd Na Moru, Sukošan, Primošten, Šibenik, Vodice, Skradin und Žut sowie ganzjährig im Nationalparkbüro in Murter erhältlich*
- *Unterkünfte auf den Inseln organisieren Reisebüros in Murter, z. B. Coronata (www.coronata.hr), Žut Tours (www.zuttours.hr) & Kornat Turist (www.kornatturist.hr)*

Top 10 Inselvergnügen

1. Murter
2. Segeln
3. Inselurlaub
4. Kornat
5. Fischrestaurants
6. Katina
7. Piškera
8. Lavsa
9. Mana
10. Natur

1 Murter

Der Hafen von Murter *(oben)* ist der Hauptausgangsort für Ausflüge in den Nationalpark Kornati. Viele ehemalige Inselbewohner *(kornatari)*, deren Familien im 19. Jahrhundert Viehweiden auf den Inseln erworben hatten, leben nun in Murter.

2 Segeln

Eine Reihe von kroatischen und ausländischen Unternehmen bietet Tagesausflüge von Murter, Zadar, Šibenik und sogar Trogir zu den Kornaten an *(rechts)*. Man kann auch Wochentörns mit oder ohne Skipper buchen (die Skipper übernehmen manchmal auch das Kochen).

Steile Klippen von Mana

3 Inselurlaub

Es ist besonders reizvoll, auf einer Insel eine Steinhütte zu mieten und wie Robinson Crusoe zu leben. Der einzige Außenkontakt ist dann das Versorgungsboot, das alle paar Tage vorbeischaut.

Dalmatinische Inseln **siehe S. 77, S. 83, S. 84, S. 95 & S. 115**

4 Kornat

Kornat *(oben)* ist etwa 25 Kilometer lang und 2,5 Kilometer breit und somit die größte Insel im Nationalpark. Neben alten Steinhäusern findet man hier einige Restaurants, einen byzantinischen Wachturm aus dem 6. Jahrhundert und eine kleine Kirche.

5 Fischrestaurants

Im Sommer verwandeln viele Einheimische ihre alten, oft mit Privatstegen ausgestatteten Steinhäuser in Restaurants. Hier können die Segler anlegen und erstklassigen frischen Fisch und Meeresfrüchte genießen.

6 Katina

An der nördlichen Spitze der Insel trennt die Wasserstraße Mala Proversa die Kornaten von Dugi Otok. In der Mitte des Kanals befinden sich die Überreste einer sehr alten Villa. Das Haus wurde zu jener Zeit erbaut, als die Inseln ein beliebtes Ferienziel für wohlhabende Römer waren.

7 Piškera

Auch die Insel Piškera kann mit einer bemerkenswerten römischen Geschichte aufwarten. Hier stand einst ein großes Dorf, von dem heute lediglich noch Ruinen und eine alte Kirche erhalten sind. Die Marina von Piškera *(rechts)* ist der am besten ausgebaute Hafen auf den Inseln.

8 Lavsa

Dank der geschützten Sandbuchten ist Lavsa bei Seglern überaus beliebt. Sie können hier mit dem Boot ankern und genüsslich einen ganzen Nachmittag mit Schwimmen und Sonnenbaden verbringen.

9 Mana

Mana ist für seine Pflanzenwelt, ein verlassenes »Dorf«, das als Kulisse für den Film *Der große Atlantik* (1953) erbaut wurde, und seine steilen Klippen bekannt. Letztere sind bei hohem Wellengang besonders beeindruckend.

10 Natur

Auch wenn es so aussieht, als ob die Ausbeutung der begrenzten natürlichen Ressourcen auf den Inseln die Natur verdrängt hat – hier gibt es immerhin über 300 Pflanzenarten und ebenso viele Tierarten wie etwa Wildschafe *(unten)*.

Auf den Kornaten unterwegs

Der Nationalpark Kornati liegt ungefähr sieben Seemeilen westlich von Murter und rund 15 Seemeilen von Zadar und Šibenik entfernt. Im Sommer reihen sich am Ufer der drei Städte die lizenzierten Boote, die Besucher in den Nationalpark bringen dürfen. Wer einen Tagesausflug unternehmen möchte, sollte vorab auf der Karte des Anbieters nachprüfen, ob die Route den Nationalpark auch wirklich einschließt. Am besten erkundet man die Inseln des Parks mit einer Yacht.

Segelrouten in Dalmatien **siehe S. 46f**

TOP 10 Kathedrale Sv. Jakov, Šibenik

Über ein Jahrhundert lang rangen die Bürger von Šibenik um die Finanzierung einer der größten und schönsten Kathedralen im Mittelmeerraum. Heute beherrscht das Bauwerk, das Stilelemente aus Gotik und Renaissance harmonisch vereint, das Stadtbild. Als der Baumeister Juraj Dalmatinac 1475 verstarb, vollendete dessen Schüler Nikola Firentinac neben Presbyterium auch Chor, Galerien, Tonnendach und Kuppel. Die Kathedrale wurde im Kroatienkrieg 1991 durch serbische Angriffe beschädigt, mit internationaler Hilfe in jahrelanger Arbeit restauriert und 2001 zum UNESCO-Welterbe erklärt.

In Stein gemeißeltes Porträt am Sims der Apsis

Im Café Gradska Vijećnica gegenüber der Kathedrale kann man die Schönheit des Bauwerks bei einem Kaffee oder einem Mittagessen bewundern.

Am besten sieht man die Kathedrale von der nahen Festung Sv. Mihovila. Von dort sind sowohl die ungeheure Größe als auch die herrliche Gestaltung der Kathedrale sehr eindrucksvoll zu erkennen.

- *Karte C4*
- *Trg Republike Hrvatske 1*
- *Mai–Sep: tägl. 8.30–20 Uhr; Okt–Apr: tägl. 8.30–12 Uhr, 16–20 Uhr*
- *Eintritt 15 K*

Top 10 Kirchenkunst

1. Porträtköpfe
2. Fassade
3. Löwenportal
4. Gotisches Portal
5. Kuppel
6. Tonnendach
7. Innenraum
8. Querhaus
9. Presbyterium
10. Baptisterium

1 Porträtköpfe

72 steinerne Porträtköpfe zieren in Außenfriesen die Apsis. Diversen Interpretationen zufolge zeigen sie freigiebige Spender sowie Einheimische, die zu geizig waren, um etwas von ihrem Wohlstand für den Bau der Kathedrale abzugeben.

2 Fassade

Die symmetrische Fassade der Kathedrale *(oben)* wurde von 1431 bis 1536 aus einheimischem Kalkstein und Marmor aus Brač gebaut. Sie ist eindrucksvolle 38 Meter breit und 14 Meter hoch. Besonders schön ist der Engel, der über dem Nordportal wacht.

Kathedrale Sv. Jakov, Šibenik

3 Löwenportal

Die zwei steinernen Löwen, die die Figuren von Adam und Eva tragen, bewachen Juraj Dalmatinacs herrliches Gewändeportal mit spiralförmigem Dekor *(unten)*.

4 Gotisches Portal
Die Bogenläufe des westlichen Hauptportals zieren verschiedene Heiligenfiguren, die im Lauf der Jahre zum großen Teil Gliedmaßen und Köpfe verloren haben. Das elegante Portal stammt aus der ersten Bauphase (1433–41) und zählt zu den ältesten Teilen der Kathedrale.

5 Kuppel
Nikola Firentinacs Kuppel *(rechts)* über einer achteckigen Trommel bewachen Statuen der Heiligen Michael, Martin und Jakob. Einige Teile wurden nachgebaut, da die Originale in den 1990er Jahren bei Angriffen zerstört worden waren.

6 Tonnendach
Wie der Rest des Bauwerks wurde das Dach aus sorgfältig geschnittenen Steinblöcken gebaut, die perfekt zueinanderpassen. Sie zeugen von dem handwerklichen und technischen Können der Steinmetze, die am Bau der Kathedrale beteiligt waren.

7 Innenraum
Den dreischiffigen Innenraum teilen Säulen, welche Arkaden tragen. Schön sind die vier wuchtigen Pfeiler unter der Kuppel, die Gräber von Šibeniks Bischöfen, der Dreikönigsaltar und der Heiligkreuzaltar.

9 Presbyterium
Das wunderschön geschnitzte Gestühl *(oben)* ist ein Werk von Juraj Dalmatinac und Nikola Firentinac. Darüber verlaufen äußerst detailreiche, geschnitzte Reliefs.

10 Baptisterium
Am Ende des rechten Schiffes steht ein schönes Taufbecken, das von drei Putten getragen wird *(rechts)*. Vier Steinbogen reichen bis zum ausgeschmückten Dach.

8 Querhaus
Fast etwas Furcht einflößend, wenn man daruntersteht: Die Steine des Querhauses wurden ohne Mörtel zusammengefügt. Diese Leistung zeugt von der enormen Kunstfertigkeit der einheimischen Steinmetze.

Weg zu Šibeniks Kathedrale
Šibeniks Kathedrale steht im Herzen der Altstadt, die von der Hauptstraße Kralja Zvonimira im Norden bergab bis zur Adria im Süden reicht. Von der Bushaltestelle aus Richtung Westen ist sie leicht zu Fuß zu erreichen, vom Bahnhof ist sie eine kurze Taxifahrt entfernt. In der Obala Franje Tuđmana, der Uferstraße südlich der Stadtmauer, gibt es einige Parkplätze. Biegen Sie hierfür von der Kralja Zvonimira in die Vladimira Nazora und dann in die dritte Straße rechts ab.

Hotels & Camping in Šibenik **siehe S. 111 & S. 117**

TOP 10 Altstadt, Zadar

Trotz der Bomben der Alliierten im Zweiten Weltkrieg und der Serben zwischen 1991 und 1995 birgt Zadars Altstadt einen wahren Schatz an Attraktionen. Die quirlige Stadt mit knapp 100 000 Einwohnern liegt auf einer autofreien Halbinsel oberhalb der tiefblauen Adria. In dem kompakten historischen Zentrum mit seinen unzähligen Cafés, Bars und guten Restaurants befinden sich auch eine katholische Kathedrale, eine orthodoxe Kirche sowie die Überreste eines römischen Forums. Zadar ist noch kein Ziel des Massentourismus, im Sommer jedoch drängeln sich hier Besucher aus ganz Kroatien.

Amphoren im Archäologischen Museum

Trinken Sie im Forum Café *pivo* (Bier) oder *bijela kava* (Milchkaffee) im Freien mit Blick auf das römische Forum.

Genießen Sie auf der Obala Kralja Petra Krešimira IV den Sonnenuntergang.

- *Karte B3*
- *Sv. Šime: Trg Petra Zoranića 7; 023 211 705; Mai–Okt: Mo–Fr 8.30–12, 17–19 Uhr; Sa 8.30–12 Uhr; Nov–Apr: Mo–Sa 8.30–12 Uhr*
- *Sv. Stošija: Trg Svete Stošije; 023 251 708; tägl. 8–13 Uhr, 17–18.30 Uhr*
- *Archäologisches Museum: Trg Opatice Čike 1; 023 250 542; Juli–Aug: tägl. 9–22 Uhr; Juni & Sep: tägl. 9–21 Uhr; Mai: Mo–Sa 9–19 Uhr; Apr: Mo–Sa 9–17 Uhr; Nov–März: Mo–Fr 9–14 Uhr, Sa 9–13 Uhr; Okt: Mo–Sa 9–15 Uhr; Eintritt 20 K*
- *Sv. Donat: Apr–Mai & Okt: tägl. 9–17 Uhr; Juni–Sep: tägl. 9–21 Uhr; Nov–März: nach Anmeldung; Eintritt 20 K*

Top 10 Bauwerke

1. Landtor
2. Sv. Šime
3. Trg Pet Bunara
4. Narodni Trg
5. Meeresorgel
6. Römisches Forum
7. Archäologisches Museum
8. Sv. Donat
9. Kathedrale Sv. Stošija
10. Sv. Illije

1 Landtor

Das im 16. Jahrhundert wohl von dem italienischen Baumeister Michele Sanmicheli vollendete mächtige Tor bewacht den südlichen Zugang zur Altstadt. An Zadars Verbindung zu Venedig erinnert der geflügelte Löwe *(oben)*, der vom Portal herabblickt.

2 Sv. Šime

Die heutige Kirche wurde im 17. Jahrhundert neu gebaut. Ein silberner Sarkophag aus dem 14. Jahrhundert *(rechts)* birgt die Reliquien des heiligen Simeon. Am 8. Oktober, dem Namenstag des Heiligen, kann man in den geöffneten Sarkophag blicken.

Altar in Sv. Illije

3 Trg Pet Bunara

Bis zum Ende des 19. Jahrhunderts versorgten die identisch gestalteten fünf Brunnen am »Fünf-Brunnen-Platz« die Bürger von Zadar mit frischem Wasser. In dem renovierten Kapitänsturm am Platz finden heute Ausstellungen mit moderner Kunst statt.

Tourismusverband der Stadt Zadar **www.tzzadar.hr**

Zur Orientierung

4 Narodni Trg

Der lebhafte Platz *(oben)* war früher das Zentrum des venezianischen Zadar. Hier locken Straßencafés und das venezianische Rathaus mit Loggia und einem Wachhaus (16. Jh.). Im Sommer findet hier oft ein Kunsthandwerksmarkt statt.

5 Meeresorgel

Die preisgekrönte Anlage, eine Treppe, die ins Meer hinabführt, wurde mit 35 Rohren verschiedener Längen und Durchmesser versehen. Wellen produzieren harmonische Töne und machen aus der Meeresorgel ein riesiges Musikinstrument.

6 Römisches Forum

Vom antiken Forum ist nur wenig übrig, da dessen Steine als Baumaterial für die Altstadt verwendet wurden. Hier stehen noch eine Säule, an der früher Verbrecher ausgepeitscht wurden, und altes Mauerwerk.

7 Archäologisches Museum

Die Sammlungen des Museums am römischen Forum präsentieren Funde aus dem Stadtgebiet und der Umgebung. Sie dokumentieren Zadars historisches Erbe von der Steinzeit bis zum 11. Jahrhundert.

8 Sv. Donat

Die Kirche *(rechts)* am römischen Forum ist Kroatiens größtes präromanisches Bauwerk. Dank ihres ungewöhnlichen runden Grundrisses verfügt sie über eine sehr gute Akustik. Im Sommer finden hier Konzerte statt.

9 Kathedrale Sv. Stošija

Nördlich von Sv. Donat steht diese romanische Kathedrale. Sie wurde im 9. Jahrhundert gegründet. Der heutige Bau stammt aus dem 12./13. Jahrhundert, der Glockenturm von 1893.

10 Sv. Illije

Die seit dem 18. Jahrhundert orthodoxe Kirche steht in der kleinen serbischen Exklave der Altstadt. Der sehenswerte Bau beherbergt eine eindrucksvolle Sammlung von Ikonen aus dem 16. bis 19. Jahrhundert.

Zadars Belagerung

Im August 1991 stießen serbische Einheiten und Truppen der jugoslawischen Armee nach Zadar vor. Die Stadt liegt nahe der hart umkämpften Krajina, die die Serben für unabhängig erklärt hatten. Diese eroberten die Vororte und den Flughafen, den Fall der Stadt konnten kroatische Truppen jedoch verhindern. In der folgenden brutalen Belagerung erreichte die UNO erst nach dreimonatigen Verhandlungen einen Waffenstillstand. Die Bombardements dauerten jedoch bis zum Ende des Krieges 1995 an.

Zadars Archäologisches Museum im Internet **www.amzd.hr**

Links **Belagerung von Dubrovnik 1991** Rechts **Kreuzritter erobern Zadar im Jahr 1202**

TOP 10 Historische Ereignisse

1 4. Jahrhundert v. Chr.: Griechen und Illyrer in Dalmatien

Griechische Siedler kommen über das Meer und verbinden sich mit illyrischen Stämmen, die bereits seit längerer Zeit an der dalmatinischen Küste leben. Mit dem Anwachsen der Bevölkerung an der Küste entstehen neue Siedlungen mit regen Handelsbeziehungen.

2 1. Jahrhundert n. Chr.: Römer dringen nach Dalmatien vor

Das Römische Reich expandiert nach Osten, seine Truppen erobern weite Teile von Kroatien und löschen einen Großteil der einheimischen Opposition aus. Die Eroberer bringen dank ihrer Fachkenntnis den Weinbau zum Erblühen. Kroatiens Böden und Klima bieten ideale Bedingungen für den Anbau von Rot- und Weißweinen.

3 6. Jahrhundert: Ankunft der Slawen

Slawische Stämme dringen von Norden aus an die dalmatinische Küste vor.

4 925 (vermutlich): Krönung des ersten kroatischen Königs

Kroatien wird unter König Tomislav, dem »Vater der Kroaten«, erstmals als Nation vereint. Kroatiens Unabhängigkeit wird jedoch durch die übermächtigen Hunnen und die Dogen von Venedig bedroht. Schon bald üben die Venezianer immer größeren Einfluss auf die Region Dalmatien aus.

5 1202: Zadar wird von Kreuzrittern erobert

Die dalmatinische Stadt Zadar wird von christlichen Kreuzrittern angegriffen und geplündert. Der Balkan wird zum Schlachtfeld für das christliche Europa im Westen und das erstarkende Osmanische Reich im Osten. In den folgenden Jahrhunderten wird die türkische Bedrohung zunehmen.

6 1593: Schlacht bei Sisak

Im 16. Jahrhundert erweitern die österreichischen Habsburger die Militärgrenze Vojna Krajina, die weiteres türkisches Vordringen nach Europa verhindern soll. Den entscheidenden Sieg bringt die Schlacht bei Sisak südlich von Zagreb, wo die Osmanen endgültig aufgehalten werden. Der Einfluss des Hauses Habsburg wird bis zum Ersten Weltkrieg andauern.

7 1699: Dalmatien unter Venedig

Große Teile Dalmatiens fallen unter Venedigs Kontrolle, die Republik Ragusa *(siehe S. 8f)* bleibt jedoch sowohl von Venedig als auch von Konstantinopel unabhängig.

König Tomislav

Vorhergehende Doppelseite
Blick von Süden auf die Altstadt von Dubrovnik

8 1808: Napoléon annektiert die Republik Ragusa

1806 befreit Frankreich Dubrovnik aus einer russisch-montenegrinischen Belagerung. Zwei Jahre später beansprucht Napoléon Ragusa für Frankreich.

Napoléon Bonaparte

9 1945: Tito an der Macht

Der kroatische Marschall kommt nach dem Zweiten Weltkrieg an die Macht und installiert eine sozialistische Republik, in der ethnische Differenzen zwischen Slowenen, Serben, Kroaten, Mazedoniern, Montenegrinern und Bosniern zugunsten der Verbundenheit mit dem »Mutterland« unterdrückt werden. Bis zu seinem Tod 1980 spielt Tito trickreich den Westen gegen den Osten aus und baut eine der größten Armeen in Europa auf.

10 1991: Kroatien erklärt seine Unabhängigkeit

Nach einem Referendum erklärt sich Kroatien für unabhängig. Von der jugoslawischen Armee unterstützte serbische Einheiten greifen die junge Republik an und belagern Dubrovnik. Die Kämpfe enden 1995. Im Jahr 1998 werden alle serbisch besetzten Gebiete an Kroatien zurückgegeben.

Top 10 Historische Persönlichkeiten

1 Kaiser Diokletian
Diokletian (245–316) begründete mit seinem riesigen Alterspalast an der Adria die Stadt Split *(siehe S. 25)*.

2 König Tomislav
Kroatiens vermutlich erster König gilt bei vielen als Held.

3 Grgur Ninski
Bischof Gregor von Nin (10. Jh.) warb für Kroatisch als liturgische Sprache (anstelle von Latein).

4 Napoléon Bonaparte
Napoléon (1769–1821) unterstützte die slawischen Sprachen in den Schulen der Illyrischen Provinzen.

5 Ban Josip Jelačić
Der kroatische Offizier und Nationalist Jelačić (1801–1859) bot dem mächtigen Reich Österreich-Ungarn die Stirn.

6 Juraj Strossmayer
Bischof Strossmayer (1815–1905) war ein Vorkämpfer für einen panslawischen Staat.

7 Ante Pavelić
Pavelić (1889–1959), Chef der faschistischen Ustaše, war im Zweiten Weltkrieg Führer des kurzzeitig unabhängigen Kroatien.

8 Josip Broz Tito
Tito (1892–1980) führte im Zweiten Weltkrieg die Partisanen. Nach dem Krieg wurde er Jugoslawiens Staatschef.

9 Franjo Tuđman
Tuđman (1922–1999) war der erste Präsident des ab 1991 unabhängigen Kroatien.

10 Stjepan Mesić
Mesić (geb. 1934), ein früherer Verbündeter Tuđmans, war von 2000 bis 2010 Staatspräsident und stand für das moderne Kroatien.

Der traditionelle Schwerttanz Moreška erinnert an die Kämpfe mit den Osmanen **siehe S. 17 & S. 55**

Links **Dubrovnik** Mitte **Kirche der Muttergottes von Spilica, Kut** Rechts **Markusturm, Trogir**

TOP 10 Altstädte

1 Dubrovnik
Lord Byrons »Perle der Adria« zählt zu Kroatiens berühmtesten Städten. Im Ring der mittelalterlichen Stadtmauer drängt sich ein perfekt erhaltener barocker Stadtkern zwischen Kalksteinbergen im Norden und der Adria im Süden. Die Altstadt lockt vor allem im Sommer viele Besucher an, verliert aber niemals ihren Zauber *(siehe S. 8–15 & S. 58–69).*

2 Korčula-Stadt
Das auf einer felsigen Halbinsel gelegene Korčula-Stadt steht nur in der Größe der berühmten Schwester Dubrovnik nach. Die jahrhundertelang von Venedig geprägte alte Stadt gleicht einer Oase, die kaum im 20. und schon gar nicht im 21. Jahrhundert angekommen zu sein scheint. Innerhalb der Stadtmauern finden sich Kirchen, Fischrestaurants und die Geburtsstätte von Marco Polo – behaupten jedenfalls die Einheimischen *(siehe S. 16f & S. 91).*

3 Trogir
Das malerisch auf einem Inselchen zwischen dem Festland und der Insel Čiovo gelegene Trogir – eine der schönsten historischen Städte an der Adria – wird wegen der architektonischen Einheit auch »Stadtmuseum« genannt *(siehe S. 18f & S. 81).*

Altes & neues Split

4 Split
In Splits Altstadt herrscht keine Museumsatmosphäre, sondern das pralle Leben in historischer Umgebung, die sich aus dem prächtigen Altersruhesitz des Kaisers Diokletian entwickelte und über Jahrhunderte von den Spličani eingenommen wurde *(siehe S. 22–25).*

5 Zadar
Weder der Zweite Weltkrieg noch die Bomben der frühen 1990er Jahre konnten den Geist der pulsierenden Stadt brechen. Zadar besitzt nicht die architektonische Einheit von Trogir, Korčula und Dubrovnik, wartet dafür aber mit einer fantastischen Lage auf einer Halbinsel und einem aufregenden Angebot an Kirchen, römischen Ruinen und Straßencafés auf *(siehe S. 30f).*

Sv. Krševan (Chrysogonuskirche), Zadar

6 Hvar-Stadt
Hvar-Stadt gilt unter Kroaten als beliebte Sommerfrische. Die charmante Altstadt mit vielen venezianischen Bauten liegt an einer breiten Bucht an der

Kathedralen & Kirchen **siehe S. 38f**

Šibenik

Adria. Über der sommerlichen Szenerie aus Straßencafés, Fischrestaurants und Ausflugsbooten thront die große Festung. Den Hauptplatz dominiert die imposante Kathedrale Sv. Stjepan *(siehe S. 39)*.

7 Kut (Vis-Stadt)

Nur wenige Besucher kennen das historische Viertel Kut in Vis-Stadt. Hier locken venezianische Kaufmannshäuser, die dreischiffige Renaissancekirche der Muttergottes von Spilica und erstklassige Restaurants. In den engen Gassen am Meer hängt die Wäsche von venezianischen Balkonen, auf denen die Katzen des Viertels die Umgebung beäugen.

8 Šibenik

Die hübsche Altstadt der »kroatischsten« Stadt an der Küste (weil sie weder von Römern noch von Venezianern gebaut wurde) zieht sich bis zur Stadtfestung hoch. Die engen Gassen wurden bislang noch nicht für den Fremdenverkehr herausgeputzt. Grandioses Herzstück der Altstadt ist die Kathedrale Sv. Jakov, deren Bau über 100 Jahre dauerte *(siehe S. 73)*.

9 Pag-Stadt

Pags kompakte Altstadt ist vor allem das Werk des dalmatinischen Baumeisters Juraj Dalmatinac, der das Straßennetz derart genial anlegte, dass die Bewohner vor den kalten Bora-Winden aus dem Norden geschützt sind. An einer Seite erstreckt sich die Adria, an den anderen erheben sich die weißen Felsen von Pag in Richtung der mächtigen Schatten der in der Ferne gelegenen Velebit-Berge.

10 Lastovo-Stadt

Als Ausnahme von der Regel wendet Lastovo-Stadt der Adria den Rücken zu. Am sehenswertesten sind in der im Vergleich zu anderen dalmatinischen Städten architektonisch weniger auffälligen Stadt etwa 20 Renaissancehäuser mit typischen hohen, breiten Terrassen.

Hotels in Dubrovnik & an der dalmatinischen Küste
siehe S. 110–117

Links **Kathedrale Sv. Stjepan, Hvar** Mitte **Kathedrale Sv. Jakov, Šibenik** Rechts **Sv. Donat, Zadar**

TOP 10 Kathedralen & Kirchen

1 Kathedrale Sv. Jakov, Šibenik

Šibeniks imposante Kathedrale zählt zum UNESCO-Welterbe. Der Bau der Kirche im Stil von Gotik und Renaissance dauerte über 100 Jahre und trieb die Bürger der Stadt beinahe in den Ruin. Der Hauptbaumeister Juraj Dalmatinac starb vor Vollendung der Kirche, die schließlich von seinem herausragenden Schüler Nikola Firentinac fertiggestellt wurde *(siehe S. 28f)*.

2 Kathedrale Sv. Lovre, Trogir

Das Westportal des einheimischen Meisters Radovan aus dem 13. Jahrhundert ist die Hauptattraktion der bemerkenswerten Kathedrale. Achten Sie auf die Figuren von Adam und Eva, die an den Seiten stolz über einem Paar geflügelter Löwen stehen. Letztere zeugen von der venezianischen Herrschaft in Trogir. Den oberen Teil des Portals zieren Heiligendarstellungen und Kalenderszenen aus dem Alltag in der Stadt *(siehe S. 18)*.

3 Sv. Križ, Nin

Die kleine Kirche, ein ungewöhnlicher zylindrischer Bau aus dem 9. Jahrhundert, zählt nicht nur zu den spirituell und symbolisch wichtigsten, sondern auch zu den ältesten Kirchen Kroatiens. Bei ihrer Gründung regierten die frühen kroatischen Könige. Nin war das religiöse Zentrum des Landes. So wie das Licht durch die Fenster fällt, lassen sich Tagundnachtgleiche und Sonnenwende bestimmen. *Karte B3*

4 Sv. Nikola, Nin

Die kleine Kirche aus dem 11. Jahrhundert, die auf einem ehemaligen Friedhof erbaut wurde – ist nur eine kurze Autofahrt von Nin entfernt. Es heißt, jeder der sieben in Nin inthronisierten Könige wäre vor die Kirche geritten, um sich vor dem Volk krönen zu lassen. Der malerische Bau steht auf einer von Wind gepeitschten Ebene zwischen Adria und Velebit-Bergen. *Karte B3*

5 Sv. Vlaho, Dubrovnik

Dubrovniks hochverehrter Schutzpatron Blasius rettete der Überlieferung zufolge die Stadt vor der Zerstörung durch die Venezianer. Seine Figuren stehen in der ganzen Stadt, die schönste

Sv. Vlaho, Dubrovnik

Weitere Informationen über Kirchen in Dalmatien
www.dalmatia.hr/de/pilgertourismus

Darstellung des Heiligen findet man jedoch in der ihm geweihten Kirche aus dem 18. Jahrhundert *(siehe S. 11 & S. 59)*.

6 Kathedrale von Dubrovnik

Der Legende nach wurde die Kathedrale von Richard Löwenherz als Dank dafür gegründet, dass er einen schrecklichen Sturm überlebte, der ihn an die Insel Lokrum spülte. Ob dies nun wahr ist oder nicht – die Kathedrale zählt zweifellos zu den eindrucksvollsten Sakralbauten des Landes. Zu ihren Schätzen gehören herrliche Barockfresken, das byzantinische Reliquiar des hl. Blasius sowie die wunderschöne *Mariä Himmelfahrt* von Tizian *(siehe S. 59)*.

7 Kathedrale Sv. Stjepan, Hvar-Stadt, Hvar

Nutzen Sie die Gelegenheit, wenn die Tore der unregelmäßig und nur begrenzt geöffneten Kirche ausnahmsweise offen stehen. Der Renaissancebau aus dem 16. Jahrhundert befindet sich an der Stelle eines alten Benediktinerklosters. Ein Höhepunkt ist die *Madonna mit Kind* aus dem 13. Jahrhundert am Altar. *Karte D6*

8 Sv. Mihal, Komiža, Vis

Die Michaelskirche steht in dichtem Grün auf einem steilen Felsen über dem verschlafenen Fischerort Komiža. Fragen Sie vor Ort nach den Öffnungszeiten. *Karte D6*

9 Sv. Stošija, Zadar

Zadars großartige romanische Kathedrale aus dem 12./13. Jahrhundert steht auf einem älteren byzantinischen Bau (9. Jh.), der wiederum auf dem Forum der antiken römischen Stadt Jadar errichtet wurde. Die Kirche überstand die Bomben von Alliierten und Serben und steht im Schatten der berühmten Kirche Sv. Donat, ist aber unbedingt sehenswert. Ein Schild erinnert an den Besuch von Papst Alexander im Jahr 1177 *(siehe S. 31)*.

Kathedrale Sv. Stošija, Zadar

10 Sv. Donat, Zadar

Der wunderschöne präromanische Bau wurde bis 1797 als Kirche genutzt und ist heute das Wahrzeichen von Zadar. Wie die benachbarte Kathedrale steht sie auf dem alten römischen Forum. Sowohl innen als auch außen finden sich lateinische Inschriften sowie Steine aus dem Forum, die als Baumaterial verwendet wurden *(siehe S. 31)*.

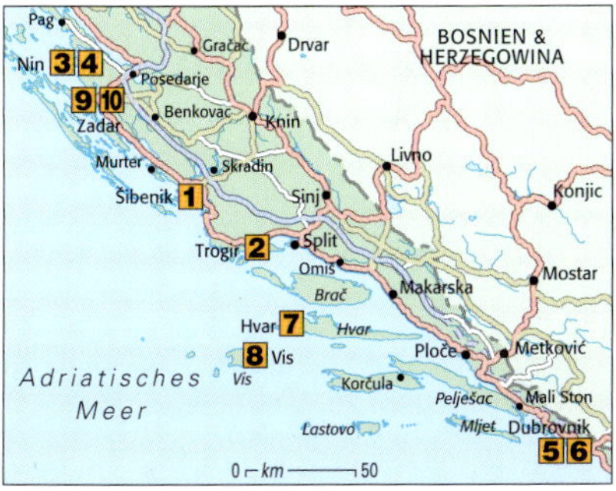

Die meisten Kirchen in Dalmatien verlangen nur bei Ausstellungen oder besonderen Veranstaltungen Eintritt.

Links **Schifffahrtsmuseum, Dubrovnik** Rechts **Archäologisches Museum, Split**

TOP 10 Museen & Sammlungen

Skulptur in der Galerie Meštrović, Split

1 Galerie Meštrović, Split

Über 80 Arbeiten von Ivan Meštrović, u. a. eine Pietà und Bronzeskulpturen, sind im ehemaligen Haus des Künstlers ausgestellt. Das Esszimmer ist fast noch im Originalzustand. *Šetalište Ivana Meštrovića 46 • Karte N6 • 021 340 800 • Mai–Sep: Di–So 9–19 Uhr; Okt–Apr: Di–Sa 9–16 Uhr, So 10–15 Uhr • Eintritt • www.mdc.hr/mestrovic*

2 Museum der kroatischen archäologischen Denkmäler, Split

Eines der ältesten Museen in Kroatien (seit 1893) präsentiert Schmuck, Waffen, ein Lapidarium und in Stein gemeißelte Inschriften. *Stjepana Gunjače bb • Karte N6 • 021 323 901 • Mo–Fr 9–13, 17–20 Uhr, Sa 9–14 Uhr • Eintritt • www.mhas-split.hr*

Gemeißelter Stein, Museum der kroatischen archäologischen Denkmäler

3 Archäologisches Museum, Split

Das Museum zeigt antike griechische Keramiken, Waffen (6.–9. Jh.), über 70 000 Münzen und aus Wracks geborgene Amphoren. *Zrinsko-Frankopanska 25 • Karte P5 • 021 329 340 • Juni–Sep: Mo–Sa 9–14, 16–20 Uhr; Okt–Mai: Mo–Fr 9–14, 16–20 Uhr, Sa 9–14 Uhr • Eintritt • www.armus.hr*

4 Schifffahrtsmuseum, Dubrovnik

Die interessantesten Exponate bezeugen Dubrovniks Seemacht vom 12. bis 14. Jahrhundert. In jener Zeit bedrohte diese Venedigs Vorherrschaft *(siehe S. 9)*.

5 Tusculum, Solin

Das Museum auf den römischen Ruinen von Salona *(siehe S. 81)* informiert über die archäologische Stätte und organisiert nach Voranmeldung Führungen. *Put Starina bb, Manastirine • Karte D5 • 021 212 900 • Apr–Sep: Mo–Fr 7–19 Uhr, Sa 9–19 Uhr, So 9–13 Uhr; Okt–Mai: Mo–Fr 9–15.30 Uhr, Sa 9–14 Uhr • Eintritt*

6 Museum der Insel Brač, Škrip

Im Radojković-Turm mit Spuren illyrischer, römischer und früher kroatischer Architektur zeigt man Schätze von ganz Brač. *Karte E5 • 021 637 092 • tägl. 8–20 Uhr (fragen Sie nebenan nach dem Schlüssel) • Eintritt • www.czk-brac.hr*

Öffnungszeiten können sich ändern, prüfen Sie diese deshalb vor einer geplanten Besichtigung noch einmal nach.

7 Eremitage von Blaca, Brač

In dem nur zu Fuß erreichbaren, üppig ausgestatteten Kloster (16. Jh.), das u. a. die Korrespondenz des letzten Priesters mit der Londoner Royal Astronomical Society enthält, steht seit 1963 die Zeit still. Wilde Ziegen und die herrliche Lage tragen zur Atmosphäre bei. ✎ *Karte E5*

Amphoren, Archäologisches Museum, Vis

8 Archäologische Sammlung Issa, Vis-Stadt

Skulpturen, Keramiken, Waffen und Alltagsobjekte dokumentieren das Leben in der antiken griechischen Stadt Issa, dem heutigen Vis-Stadt. ✎ *Viški boj 12 • Karte D6 • 021 711 729 • Mai–Okt: Mo–Fr 10–13, 17–21 Uhr, Sa 10–13 Uhr; Nov–Apr: nach Vereinbarung • Eintritt*

9 Nationalmuseum, Zadar

Im Benediktinerkloster informieren Fotos, Gemälde und Modelle über Zadar vom 16. bis 19. Jahrhundert. ✎ *Poljana Pape Aleksandra III bb • Karte B3 • 023 251 851 • Mitte Juni–Mitte Sep: Mo–Fr 9–21 Uhr, Sa 9–13 Uhr; Mitte Sep–Mitte Juni: Mo, Di, Do & Fr 9–14 Uhr, Mi 9–12, 17–19 Uhr • Eintritt • www.nmz.hr*

10 Archäologisches Museum, Zadar

Objekte zeigen die Entwicklung der Stadt von der Jungsteinzeit über die römische und die byzantinische Ära bis zum frühen Mittelalter. Sehenswert sind das Modell des römischen Forums, die Glassammlung und liburnische Artefakte *(siehe S. 31)*.

Top 10 Statuen

1 Grgur Ninski, Nin
Ivan Meštrovićs Bronzemonument zeigt Bischof Gregor von Nin, der im 10. Jahrhundert lebte. Den Fuß zu berühren soll Glück bringen.

2 Grgur Ninski, Split
Diese Monumentalstatue zeigt ebenfalls Gregor von Nin, der für Kroatisch als Liturgiesprache kämpfte.

3 Marko Marulić, Split
Meštrović setzte dem im 15. Jahrhundert in Split geborenen »Vater der kroatischen Literatur« ein Denkmal.

4 Straßenkunst, Split
Achten Sie auf die riesige Teetasse (Marmontova) und die Silberbrücke an der Riva.

5 Rolandsäule, Dubrovnik
Roland, Führer der Göttlichen Republik, hält im Sommer beim Dubrovnik Festival die Libertas-Flagge *(siehe S. 11)*.

6 Ivan Gundulić, Dubrovnik
Meštrović schuf die Statue zu Ehren von Leben und Werk des Dichters (17. Jh.).

7 Juraj Dalmatinac, Pag-Stadt
Die lebensgroße Statue zeigt den Baumeister von Pag-Stadt.

8 Franjo Tuđman, Pridraga
Die Riesenstatue des Ex-Präsidenten Kroatiens *(siehe S. 35)* dominiert die kleine, im Kroatienkrieg beschädigte Stadt.

9 Juraj Dalmatinac, Šibenik
Der Baumeister wacht über die Kathedrale, deren Vollendung er nicht mehr erlebte.

10 Pater Andrija Kačić Miošić, Makarska
Das Denkmal zeigt den Priester und Poeten (18. Jh.).

➔ Bez broja (*»bb«) in kroatischen Adressen heißt »ohne Nummer«.*

Links **Pržina-Bucht, Lumbarda** Rechts **Zlatni Rat, Brač**

Top 10 Strände

1 Zlatni Rat, Brač
Verdientermaßen finden sich in allen Broschüren der Fremdenverkehrsämter Fotos vom hochgelobten »Goldenen Horn« Zlatni Rat. Die berühmte Halbinsel aus feinem Kies, die ständig mit den Gezeiten ihre Form ändert, liegt an der von Kiefern bestandenen Südseite der Insel Brač nahe dem Ferienort Bol. *Karte E5*

2 Orebić
Der feine Kies- und Sandstrand des kleinen Ferienortes liegt in einer wahrlich malerischen Landschaft. Jenseits des Wassers kann man auf der nicht weit entfernten Insel Korčula die Terrakottadächer von Korčula-Stadt sowie die imposanten Berge der Umgebung sehen *(siehe S. 91)*. *Karte H1*

3 Banje, Dubrovnik
Der Sand ist importiert und für den Abschnitt mit den Sonnenliegen muss man Eintritt bezahlen, doch der Blick auf die Stadt ist kaum zu überbieten. Das Wasser ist sauber und die Insel Lokrum liegt verlockend im Meer. *Karte K5*

4 Pakleni Otoci
Bei den »Hölleninseln« handelt es sich um eine Kette von sehr kleinen Inseln vor Hvar. Der Name klingt zwar nicht besonders einladend, die Inseln bieten aber zahlreiche Möglichkeiten, am Meer zu entspannen. Eine kurze Bootsfahrt von Hvar-Stadt bringt Sie zu einem weitgehend noch unerschlossenen Inselstrand an der Adria. *Karte D6*

5 Nin
Die Stadt Nin ist als religiös und historisch bedeutende Stätte bekannt, doch es gibt auch insgesamt acht Kilometer Sandstrände, was in dieser Region selten ist. Am beliebtesten sind die Strände Queen's und Ždrijac. Sie sind noch wenig erschlossen. Wenn der Wind stark von den Velebit-Bergen bläst, gehört das Meer den Windsurfern. Heiße Tage kann man nur an wenigen Orten besser genießen *(siehe S. 74)*. *Karte B3*

Stadtstrand, Dubrovnik

6 Naturpark Telašćica
Der Naturpark auf Dugi Otok erstreckt sich in der schön geschwungenen Telašćica-Bucht und wurde nach dem zerstörerischen Brand von 1995 wieder aufgeforstet. Hier findet man an zahlreichen lauschigen Plätzen und

Mehr zu Wassersport & Segeln **siehe S. 44–47**

Winkeln sein ganz persönliches Paradies. Achten Sie aber auf Segelboote, die mit Vorliebe dann in abgelegenen Buchten auftauchen, wenn man sie am wenigsten erwartet. Denken Sie auch daran, dass die Infrastruktur sehr begrenzt ist. *Karte B4*

7 Gradac

Die kleine Stadt Gradac bietet nicht nur den längsten Strand Kroatiens, sondern auch den besten an der Makarska Riviera. Am mit Bäumen bewachsenen Ufer erstrecken sich verschieden feine Kiesstrände, am Horizont taucht die Insel Hvar im Meer auf. Einige Strandabschnitte sind touristisch erschlossen, andere eher naturbelassen. Im Sommer findet man oft nur schwer einen ruhigen Platz *(siehe S. 82)*. *Karte J1*

8 Zrće, Novalja, Pag

Hier soll einmal das »Ibiza Kroatiens« entstehen. Auch wenn dies noch dauert, der Sand- und Kiesstrand bei Novalja mit Blick auf Pag und die Velebit-Berge ist auf jeden Fall spektakulär. Drei große Clubs, Strandbars und Fast-Food-Filialen konnten bislang die Schönheit des ziemlich abgelegen wirkenden Strandes nicht zerstören. *Karte A2*

Gradac, Makarska Riviera

9 Pržina-Bucht, Lumbarda

Korčula-Stadt genießt hohe Bewunderung, doch das nahe Lumbarda bietet bessere Strände. Die Pržina-Bucht lockt mit einem schönen Sandstrand, Cafés und vornehmer Zurückhaltung. Von Korčula-Stadt kommen täglich Busse, im Sommer verkehren auch Boote. Wenn die Pržina-Bucht zu bevölkert ist, kann man zum nahe gelegenen, etwas ruhigeren Bilin Žal ausweichen. *Karte H2*

10 Koločep

Die schönen Sandstrände auf der nur eine kurze Fahrt mit der Fähre von Dubrovnik entfernten Insel Koločep sind meist wesentlich ruhiger als die Strände in und um die Stadt. Koločep ist weder ein lauter Ferienort noch eine familienfreundliche Oase, sondern einfach ein ruhiges Plätzchen jenseits der ausgetretenen Touristenpfade *(siehe S. 95)*. *Karte K2*

Links **Beim Wandern** Rechts **Tauchstunde**

TOP 10 Sport & Aktivurlaub

1 Windsurfen

Die Küsten bei Nin, auf Brač und am Pelješki-Kanal (Korčula und Pelješac) sind wegen der guten Bedingungen bei Windsurfern beliebt. *Big Blue Sport: www.bigbluesport.com*

Windsurfer

2 Rafting

Raftingtrips im Wildwasser, die den Adrenalinspiegel in ungeahnte Höhen treiben, werden immer beliebter. Mehrere Unternehmen bieten den Spaß auf der Cetina an. Die Fahrten dauern in der Regel drei bis vier Stunden und werden auf dem Unterlauf des 105 Kilometer langen Flusses durchgeführt, etwa 20 Minuten von der Küstenstadt Omiš *(siehe S. 83)* entfernt. *Kentona: www.rafting-cetina.com*

Rafting

3 Tauchen

Tauchschulen an der Küste bieten Schnupper-Tauchgänge, Tauchkurse sowie Nacht- und Wracktauchen an und verleihen Tauchausrüstungen. Zu den besten Tauchrevieren zählt die Blaue Grotte von Biševo *(siehe S. 84)* bei der Insel Vis mit unzähligen Wracks. Nähere Informationen erhalten Sie beim kroatischen Tauchverband. *Kroatischer Tauchverband: www.diving-hrs.hr*

4 Seekajakfahren

Experten zufolge wird dieser Sport in den kommenden Jahren äußerst populär werden. Die meisten Touren führen in die Umgebung von Dubrovnik und um die Elaphiten. Die Fahrten dauern von wenigen Stunden bis zu einer Woche. Vor Ort organisieren Reisebüros in Dubrovnik Ausflüge.

5 Klettern

Die steilen Gipfel der Biokovo-, Dinaric- und Velebit-Berge üben eine unwiderstehliche Faszination auf Bergsteiger aus, die aus ganz Europa anreisen. Der Nationalpark Paklenica ist für Kletterer gut gerüstet. Sie finden hier unterschiedlich schwierige, mit Haken gesicherte Routen ebenso wie Möglichkeiten zum Freiklettern.

6 Wandern

Dalmatien bietet eine fast unendliche Vielzahl an Wanderwegen. Die Palette reicht von einfachen Spaziergängen zu steilen Bergwanderungen für Fortgeschrittene. Fragen Sie vor Ort nach den Bedingungen und achten Sie stets auf geeignete Ausrüstung. Reisebüros bieten u. a. auch Wanderferien an der dalmatinischen Küste an.

Kanu-, Kajak- & Raftingtouren organisiert u. a. der Anbieter Dalmatia Rafting **www.dalmatiarafting.com**

7 Tennis

Nationalhelden wie Goran Ivanišević, Mario Ančić und Iva Majoli haben Tennis in Kroatien populär gemacht. Öffentliche Plätze gibt es in Ferienanlagen und Städten in ganz Dalmatien. Zu den berühmtesten Plätzen der Region gehört der in Bačvice in Split, wo Goran Ivanišević in jungen Jahren trainierte.

8 Schwimmen

Angesichts der langen kroatischen Küste verwundert es nicht, dass Schwimmen hier ein beliebter Sport ist. Wer nicht gern im Meer badet, kann auf ufernahe Schwimmbäder, etwa in Korčula, Split und Šibenik, ausweichen.

9 Schnorcheln

Preiswert und einfach: Legen Sie Maske und Flossen an und erkunden Sie die abwechslungsreiche Küste.

10 Picigin, Split

Der Sommersport *picigin* ist eine Besonderheit von Split. Die sportliche Betätigung ist dabei gar nicht so wichtig. Stellen Sie sich in Bačvice *(siehe S. 25)* einfach mit ihrer besten Badehose und einer schicken Sonnenbrille ins Meer, werfen Sie elegant einen kleinen schwarzen Gummiball und fangen Sie ihn mit einer Hand wieder auf.

Picigin

Top 10 Sport

1 Fußball
In Dalmatien liebt man Fußball. Erstligist Hajduk Split hat besonders viele Anhänger, die dem Fanclub Torcida angehören.

2 Basketball
Dalmatiens berühmteste Stars, Dražen Petrović (1964–1993) und Krešimir Ćosić (1948–1995), machten den Sport hier populär.

3 Tennis
Dank ihrer Tennisstars sehen Kroaten mit Vergnügen Turniere, spielen aber auch gern selbst.

4 Segeln
Mit regelmäßigen Regatten ist Segeln hier mehr als ein Zuschauersport.

5 Beachvolleyball
In der Hochsaison finden an der Makarska Riviera überall Spiele statt.

6 Wasserball
Nicht nur wegen des starken Nationalteams ist Wasserball weitverbreitet.

7 Bočanje
Der beliebte Sport ähnelt dem französischen *pétanque*.

8 Extremsportarten
Im Juli findet in Brač das Extremsportfest statt. Genießen Sie Freiklettern, Windsurfen, Skaten, Biken, Paragliden und vieles andere mehr.

9 Handball
Der beliebte Sport wurde noch begehrter, nachdem Kroatien bei den Olympischen Spielen 2004 die Goldmedaille gewonnen hatte.

10 Rudern
Die Skelin-Brüder aus Split gewannen 2004 olympisches Silber. Die meisten dalmatinischen Städte haben einen Ruderclub.

Die Insel Korčula eignet sich gut für einen Tauchurlaub
www.croatiadivers.com

Links **Hvar-Stadt** Rechts **Segelboot in den Gewässern der Kornaten**

TOP 10 Segelrouten

1 Dubrovnik – Korčula

Die südliche Adriaroute führt von Dubrovnik nach Koločep, Lopud, Šipan *(siehe S. 95)* und Mljet. Vom Nationalpark Mljet *(siehe S. 92)* segeln Sie in den Pelješki-Kanal Richtung Korčula-Stadt *(siehe S. 16f)*. Lohnend ist der Abstecher von Šipan nach Ston, wo man nach Mali Ston *(siehe S. 92)* spazieren und hervorragenden Adriafisch genießen kann.

2 Split – Vis

Viele Yachten segeln schnurstracks nach Brač und Hvar und verpassen dabei das schöne, von den Spličani bevorzugte Šolta und Vis. Hvar ist selbstverständlich auch attraktiv – nicht zuletzt wegen seiner abgeschiedenen, von imposanten Bergen umgebenen Buchten *(Brač, Hvar, Šolta & Vis siehe S. 84)*.

Unterwegs von Split nach Vis

3 Split – Dugi Otok

Die herrliche, kaum bekannte Route führt von Split *(siehe S. 22–25)* über Šolta, Rogoznica *(siehe S. 76)* und Žirje in den Kornaten-Archipel *(siehe S. 77)* und zur Marina von Piškera. Von dort führt die Reise weiter nach Dugi Otok *(siehe S. 77)* und zurück über Primošten *(siehe S. 74)*, das sich mit den Jahren zu einem wichtigen Zentrum des Segelsports entwickelt hat.

4 Murter – Kornaten

Die geschützten Gewässer des Kornaten-Archipels *(siehe S. 77)* garantieren fast immer beste Bedingungen und sind deshalb bei Anfängern und weniger erfahrenen Seglern sowie bei Segelschulen sehr beliebt.

5 Zadar-Archipel

Wenn die Kornaten im Hochsommer überlaufen sind, bietet der Zadar-Archipel mit seinen über 200 Inseln Seglern eine ruhigere Alternative *(Dugi Otok, Silba, Pašman, Ugljan & Iž siehe S. 77)*.

6 Šibenik-Archipel

Fans von abgeschiedenen Buchten sollten ihr Glück auf den Inseln bei Šibenik versuchen. Attraktiv sind vor allem Žirje, Prvić *(siehe S. 77)*, Kaprije, Tijat, Zlarin und Obonjan. Zlarin liegt am nächsten bei Šibenik und ist besonders reizvoll: Hier sind Autos verboten und die Einheimischen leben noch vom Land und vom Meer (vor allem Landwirtschaft, Fischfang, Weinbau, Schwamm- & Korallentauchen).

7 Trogir – Lastovo

Man könnte schon neidisch werden in der Marina von Trogir *(siehe S. 18f)*, wo Millionärsyachten an der Riva anlegen, bevor sie Richtung Süden nach

Die in der Regel ruhigen Gewässer Kroatiens sind geradezu ideal für Anfänger, die dort auch Segelkurse buchen können.

Brač und Hvar *(siehe S. 84)* sowie nach Korčula und Lastovo *(siehe S. 95)* weitersegeln. Echte Robinson-Gefühle erlebt man auf den Inselchen Češvinica, Kručica, Stomorina und Saplun (mit Sandstrand) im Nordosten.

8 Trogir – Dubrovnik
Auf der Route für wahre Segelenthusiasten liegen weite Entfernungen zwischen den Stopps. Von Trogir aus führt die Route über Hvar, Vis, Vela Luka (Korčula) und Mljet nach Dubrovnik.

Insel Pag

9 Zadar – Rab
Lassen Sie den Zadar-Archipel hinter sich und steuern Sie die geisterhaft schöne Insel Pag *(siehe S. 77)* mit ihren einsamen Buchten an. Von Pag aus verlassen Sie Dalmatien und erkunden die benachbarte Insel Rab in der Kvarner Bucht, wo die traumhaft gelegene Stadt Rab unbedingt besucht werden sollte.

10 Split – Dubrovnik
Bei einem ausgedehnten Segeltörn kann man Zentral- und Süd-Dalmatien – Split, Trogir, Šolta, Brač, Hvar, Vis, Korčula, Mljet und Dubrovnik – kennenlernen. Nehmen Sie sich Zeit für die Inseln und Inselchen der Pakleni Otoci *(siehe S. 84)* sowie für die Inseln um die Polače-Bucht von Mljet. Bei diesem Törn kann man alle Inseln genauer erkunden.

Top 10 Segeltipps

1 Regeln
Informieren Sie sich vorab über die lokalen Vorschriften bei der Association of Nautical Tourism. *Bulevar Oslobođenja 23, 51000 Rijeka • 051 209 111*

2 Flotillensegeln
Flotillensegeln ist ideal für Anfänger: Es gibt kurze Etappen und Hilfe vom »Mutterschiff«.

3 Seriöse Anbieter
Empfehlenswert sind Adriatic Holidays, Sunsail und Cosmos Yachting. *www.adriaticholidaysonline.com • www.sunsail.de • www.cosmosyachting.com*

4 Skipper
Skipper kennen die Gewässer und kochen sogar manchmal.

5 Wichtige Dokumente
Sie benötigen beglaubigte Crew- und Passagierlisten, Nachweise über die Seetauglichkeit und Versicherung des Bootes und eine Bestätigung, dass Sie selbst segeln dürfen.

6 Anlegeplätze buchen
Zwischen Juni und September sind Anlegeplätze rar.

7 Nebensaison
Mai und September bieten gutes Wetter ohne sommerliche Besucherscharen.

8 Wetterbericht
Hören Sie stets den Wetterbericht im Radio – auf Kanal 73 für Dubrovnik, auf Kanal 67 für Split.

9 Gepäck sparen
Bringen Sie wenig Gepäck, der Platz an Bord ist knapp.

10 Ankerplätze
Wer sein Boot langfristig in Kroatien ankern will, sollte dem ACI beitreten (Adriatic Croatia International Club). *www.aci-club.hr*

Boote mit Skipper kann man bei Sunsail (siehe oben) *oder Ocean Blue (www.oceanblueyachts.com) buchen.*

Links **Adio Mare, Korčula** Rechts **Vila Koruna, Mali Ston**

TOP 10 Restaurants

1 Vila Kaliopa, Vis-Stadt

Das bezaubernde Lokal liegt mitten in einem eleganten Skulpturengarten. Der Fisch könnte nicht frischer sein, der Service entspricht der Klasse der Umgebung *(siehe S. 87)*.

Vila Kaliopa, Vis-Stadt

2 Vila Koruna, Mali Ston

Genießen Sie Austern und Muscheln, die direkt aus dem Meer vor dem Restaurant auf die Teller kommen. Fisch und Seafood sind so frisch, dass auch einfache Gerichte auf der Karte ein wahrer Genuss sind. Hier werden die Gäste allerdings auch mit raffinierten Kreationen verzaubert *(siehe S. 97)*.

3 Adio Mare, Korčula-Stadt

Das lebhafte Fischlokal liegt in der Altstadt von Korčula-Stadt in der Nähe des angeblichen Geburtshauses von Marco Polo. Der duftende Rauch vom Fischgrill lockt die Gäste in Scharen an. Dennoch schafft es das Restaurant, stets Qualität zu servieren und die Gäste zufriedenzustellen *(siehe S. 97)*.

4 Zlatna Ribica, Brodarica

Geschäftsleute beeindrucken in diesem Restaurant gern ihre Kunden mit dem gehobenen Ambiente. Spezialitäten sind frischer Fisch, Krabben, Grillplatten und *brodet* (Fischeintopf mit Polenta). Dazu gibt es guten Wein und eine schöne Sicht über die Insel Krapanj *(siehe S. 79)*.

5 Foša, Zadar

Der Innenraum ist Durchschnitt, doch die Lage – am Meer, mit Blick auf Zadars alte Stadtmauer – ist fabelhaft. Auf der Terrasse kann man entspannt gegrillten Tintenfisch genießen *(siehe S. 79)*.

6 Zlatna Školjka, Hvar-Stadt

Dieses Slow-Food-Restaurant ist der Liebling vieler Gourmets. Der Chef steht selbst in der offenen Küche, in die alle Gäste Einblick haben. Man verwendet nur einheimische Zutaten der Saison. Empfehlenswert ist das Probiermenü. Reservierung ist vonnöten *(siehe S. 87)*.

7 Noštromo, Split

Das Noštromo ist das beste Lokal im Stadtzentrum. Es liegt gleich am Fischmarkt, daher ist der Fisch im Noštromo wirklich fangfrisch. Besitzer Zlatko Marinović wurde im Jahr 2005 als »Golden Chef« ausgezeichnet *(siehe S. 87)*.

Fischplatte, Noštromo, Split

Kroatische Rezepte finden Sie in der Rubrik »Lifestyle« unter **www.tzdubrovnik.hr/deu**

8 Orsan, Dubrovnik

Das Orsan liegt zentral in der Altstadt. In dem klassischen dalmatinischen Fischrestaurant findet man viele Einheimische, die sich Oktopussalat, schwarzes Risotto (mit Tintenfisch) und andere Gerichte von der großen Fischkarte bestellen. Am schönsten sitzt man an den Tischen im Freien unter den Pinien gleich beim Wasser mit den Yachten *(siehe S. 69)*.

9 Nautika, Dubrovnik

Das Nautika, lange Zeit das bekannteste Lokal der Stadt, wird von manchen Gästen kritisiert, die meisten sind jedoch begeistert. Auf der Speisekarte stehen überwiegend Gerichte mit Fisch aus der Region, es gibt aber auch etwas mit Fleisch und Speisen für Vegetarier. Ein Plus ist der herrliche Ausblick von der schönen Terrasse auf die Altstadt auf der einen und die Festung Lovrijenac auf der anderen Seite *(siehe S. 69)*.

Restaurant Nautika, Dubrovnik

10 Pelegrini, Šibenik

Das Pelegrini liegt direkt am großen Platz der Kathedrale von Šibenik. In diesem Gourmetlokal pflegt man mediterrane Küche (Fleisch und Fisch) und bietet seinen Gästen eine exzellente Weinkarte. Romantisches Ambiete mit Kerzenlicht und klassischer Musik *(siehe S. 79)*.

Top 10 Spezialitäten

1 Adria-Platte
Das Festgelage besteht aus Fisch und Seafood, in der Regel gegrillt *(na žaru)* und mit Knoblauch, Zitrone, Kartoffeln und Mangold *(blitva)* serviert.

2 Ston-Austern *(Oštrige)*
Himmlische Austern direkt aus dem Meer bekommt man in Mali Ston.

3 Pager Käse *(Paški sir)*
Auf Pag wird ein spezieller salziger und sehr leckerer Schafskäse produziert.

4 Meeresfrüchte-Risotto *(Rižot)*
Das gute und günstige Gericht steht an der Küste auf fast jeder Speisekarte.

5 Dalmatinischer Schinken *(Pršut)*
Der luftgetrocknete Räucherschinken wird oft mit Pager Käse als Vorspeise serviert.

6 Pager Lamm *(Janjetina)*
Das schmackhafte Lammfleisch wird mit mediterranen Kräutern garniert.

7 Hummer *(Jastog)*
Gäste können sich ihren Hummer im Aquarium oft selbst aussuchen.

8 Gegrillter Tintenfisch *(Lignje na Žaru)*
Der frisch gegrillte Tintenfisch mit Knoblauch und Zitrone ist eine delikate Vor- oder Hauptspeise.

9 Istrische Trüffeln *(Tartufi)*
Istrische weiße und schwarze Trüffeln sind denen aus Frankreich und Italien ebenbürtig.

10 Scampi *(Buzara)*
Schonend gegarte Scampi in einer Sauce aus Tomaten, Zwiebeln und Kräutern sind eine köstliche und reichhaltige Spezialität aus Dalmatien.

Links ***Paški sir*** **(Pager Käse) &** ***pršut*** **(geräucherter Schinken)** Rechts **Spitze**

TOP 10 Souvenirs

1 Krawatten

Das Wort *cravate* mag aus dem Französischen stammen, die Krawatte selbst kommt jedoch aus Kroatien. Im Dreißigjährigen Krieg nannten französische Kavalleristen die Art, wie die Kroaten ihre Halstücher trugen, *à la cravate* (»kroatisch«). Qualitätskrawatten gibt es in den Croata-Läden *(siehe S. 63)* in Dubrovnik und Split.

2 Wein

Dalmatinische Qualitätsweine sind u. a. die Rotweine Plavac, Dingač und Postup von der Halbinsel Pelješac. Grk und Pošip (weiß) wachsen auf Korčula. Weingüter in der Region Konavle produzieren den Weißwein Dubrovačka Malvazija. Exzellente Weißweine außerhalb Dalmatiens sind der Žlahtina von der Insel Krk, der Graševina aus Slawonien und der Malvazija aus Istrien. Am besten kauft man Wein direkt auf den Weingütern oder in einer *vinoteka* ein.

Dingač-Wein

3 Kroatische Spirituosen

In Dalmatien trinkt man vor und nach dem Essen gern einen Trauben-, Kräuter- oder Pflaumenschnaps. Travarica wird aus Trauben und Kräutern gebrannt, Šljivovica in einer Doppeldestillierung aus Pflaumen gewonnen. In hübsche Flaschen abgefüllte Spirituosen sind beliebte Urlaubsmitbringsel.

4 Schmuck

Dalmatien ist für die roten Adria-Korallen und für schönen Schmuck bekannt. Qualität und Preis hängen vom jeweiligen Laden ab. Die gehobenen Boutiquen in Hvar-Stadt und auf der Insel Zlarin sind seriöse Läden für zeitgemäßen Korallenschmuck. Juweliere in Zadar und Dubrovnik bieten guten Gold- und Silberschmuck an.

5 Delikatessen

Paški sir (Pager Käse), *pršut* (luftgetrockneter geräucherter Schinken), Olivenöl und Honig sind erstklassig. Delikatessen sollten Sie, wenn möglich, direkt beim Hersteller (achten Sie auf Hinweisschilder am Straßenrand) oder auf Märkten kaufen. Auch Supermärkte führen in der Regel eine gute Auswahl.

6 Trachtenpuppen

Puppen in traditioneller Tracht gibt es überall in Dalmatien in zahlreichen Formen – von billigen Souvenirs bis hin zu Puppen in handgemachten Kleidern. Eine modernere Variante sind Keramikpuppen.

7 Spitze

Spitze gibt es in vielfältigen Varianten, etwa in Form von Tisch- und Taschentüchern oder Kleidung. Sie wird in Boutiquen in ganz Dalmatien verkauft. Authentisch ist die komplex gemusterte handgemachte Spitze von

Mehr zu dalmatinischem Wein **siehe S. 106**

der Insel Pag oder die von Nonnen gefertigte Spitze aus Hvar-Stadt. Das Garn wird aus Blättern von Agaven gewonnen, die auf der Insel wachsen.

8 Lavendel
Die herrlich duftende Pflanze wird seit 75 Jahren auf Hvar angebaut. Die daraus hergestellten Öle und Balsame stellen für die Inselbewohner eine wichtige Einkommensquelle dar. Im späten Frühjahr und im Frühsommer überzieht der Duft des Lavendels die Insel. In ganz Hvar-Stadt werden zahllose Lavendelprodukte an Ständen verkauft.

Lavendelprodukte, Hvar

9 Mode & Accessoires
In Dalmatien achtet man sehr auf sein Aussehen. In den zahlreichen Boutiquen in den Altstädten von Dubrovnik, Split und Zadar kann man modische Kleidung und Lederwaren – vor allem Schuhe und Handtaschen – erstehen.

10 Kunsthandwerk
Kunsthandwerk aus Keramik und Holz hat in Kroatien eine lange Tradition. In Split herrschen Produkte mit maritimen Motiven und Kopien von Meštrović-Skulpturen vor. Puppen und Holzspielzeug sind beliebte Souvenirs aus Dubrovnik. Dort werden auch Goldschmuck, Schuhe und Lederartikel angeboten, deren Herstellung von der Stadt finanziell unterstützt wird.

Top 10 Shopping-Tipps für Kunsthandwerk

1 Dubrovačka magnolija, Dubrovnik
Hier gibt es Souvenirs und Bilder von der Altstadt.
Boškovićeva 20 • Karte J5

2 Dubrovačka Kuća, Dubrovnik
Der Geschenkeladen ist auch eine Kunstgalerie *(siehe S. 63)*.

3 Heritage Shop, Dubrovnik
Kroatiens Geschichte liefert die Vorbilder für die in der Region gefertigten Objekte.
Petra Krešimira IV 7 • Karte H5

4 Sebastian, Dubrovnik
Die Galerie bietet Werke bekannter Künstler aus dem früheren Jugoslawien an.
Svetog Dominika 5 • Karte K5

5 Nova Arsia, Split
Der Laden führt Bilder von Split und Meštrović-Kopien.
Dioklecijanova 3 • Karte Q2

6 Dioklecijanova, Split
In der Straße von der Porta aurea nach Süden gibt es gute Ateliers mit Kunsthandwerk.
Karte Q2

7 Diokletianpalast, Split
Die Souvenirstände im Hauptsaal bieten alles Erdenkliche an *(siehe S. 22)*.

8 Galerie Anima, Zadar
Die Galerie führt Dalmatienbilder des einheimischen Künstlers Zoran Debelić. *Vladimira Papafave 1 • Karte B3*

9 Galerie More, Zadar
In der Hauptstraße der Altstadt gibt es eine gute Auswahl an kroatischen Souvenirs. *Široka bb • Karte B3*

10 Galerie Pia, Zadar
Keramiken, Textilien und Gemälde stammen von Künstlern aus dem In- und Ausland.
Ulica Madijevaca 8 • Karte B3

Bez broja *(»bb«) in kroatischen Adressen heißt »ohne Nummer«.*

Links **Stradun, Onoforio-Brunnen** Rechts **Seekajakfahren**

TOP 10 Attraktionen für Kinder

1 Strände
Sandstrände sind in Dalmatien eher selten, dafür gibt es aber lange, saubere und sonnige Kiesstrände. Selbst im Hochsommer werden Sie einsame Abschnitte finden. An öffentlichen Stränden gibt es Snackbars, Sonnenliegen und Sonnenschirme. Manche sind sogar mit Umkleidekabinen und Duschen ausgestattet.

Holzsteg im Nationalpark Krka

2 Schwimmbäder
Dalmatien bietet nicht unbedingt die elegantesten, aber einige der am schönsten gelegenen Schwimmbäder in Europa. Während die Kinder planschen, können die Eltern den Ausblick auf die Altstadt von Korčula, die Insel Šolta oder die Bucht von Šibenik genießen.

3 Festungen & Türme
In ganz Dalmatien gibt es unzählige Türme und Festungen mit tollen Ausblicken. Sparen Sie nicht an Sonnencreme und nehmen Sie viel Wasser mit. Cafés am Weg zu den Aussichtspunkten, auf den Türmen und in den Festungen helfen, die Strapazen für die Kleinen etwas zu mildern.

Auf der Fähre von Split nach Vis

4 Nationalpark Krka
Der aufregende Naturpark bietet für jeden etwas: üppige Vegetation, donnernde Wasserfälle, imposante Monumente, Bootsfahrten, Möglichkeiten zum Schwimmen und nicht zuletzt ein wahres Labyrinth an Wegen über hölzerne Stege *(siehe S. 20f)*.

5 Nationalpark Paklenica
Der untere Bereich der Velika Paklenica ist gut durchdacht für Besucher hergerichtet, mit Aufstiegen auf festen Wegen, die ältere Kinder bewältigen können. Tafeln informieren über die Tierwelt des Parks. Auch das ruhige Meer am Strand des nahen Urlaubsortes Starigrad ist für Kinder gut geeignet *(siehe S. 73)*.

6 Fähren
An der gesamten dalmatinischen Küste bieten schier unzählige Katamarane und Fähren in allen Formen und Größen Ausflugsfahrten zu einer der Inseln an. Für Kinder können diese Touren zu einem wahren Meeresabenteuer werden. Im Hochsommer sollte man hierfür das Auto stehen lassen.

Mehr zu Dalmatiens Stränden **siehe S. 42f**

7 Ferienhotels

Die großen Ferienhotels sind mit Swimmingpools, Tennisplätzen und anderen Freizeiteinrichtungen ausgestattet. Familien mit jüngeren Kindern sollten in Betracht ziehen, Zimmer mit Voll- oder Halbpension zu buchen.

Swimmingpool, Dubrovnik Palace Hotel

8 Radfahren

Abseits der vollen Landstraßen und Urlaubsorte bietet Dalmatien reichlich Möglichkeiten zum Radfahren. Viele Hotels und Zeltplätze vermieten Räder an Gäste, manche stellen sie sogar ohne Gebühren zur Verfügung.

9 Abenteuersport

Reisebüros vor Ort können Raftingtouren, Segeltörns, Ausflüge mit Kanu und Seekajak sowie Mountainbiketouren und Wanderungen organisieren, die für ältere Kinder und Jugendliche geeignet sind.

10 Internationales Kinderfest

Jedes Jahr im Juni/Juli werden 14 Tage lang auf einigen Bühnen und Plätzen in der Altstadt von Šibenik *(siehe S. 73)* Musik sowie Kinder- und Marionettentheater aufgeführt. Das Internationale Kinderfest gibt es schon seit mehr als 50 Jahren. Es richtet sich an kleinere Kinder aus dem In- und Ausland. Ein Kunstprogramm umfasst Workshops für Kinder.

Top 10 Spaß für Kinder

1 Banje, Dubrovnik
Die Banana-Boat-Fahrten sind beliebt *(siehe S. 42)*.

2 Kroatiens »Totes Meer«
Im Salzwasser des vom Meer gespeisten Sees Mrtvo More auf Lokrum *(siehe S. 95)* kann man sich treiben lassen.

3 Biševo-Grotte
An sonnigen Tagen ist die Grotte besonders eindrucksvoll *(siehe S. 84)*.

4 Strandsport, Hvar
Am Strand beim Hotel Amfora *(siehe S. 112)* kann man Schnorchelausrüstungen und Mountainbikes mieten.

5 Spanische Festung, Hvar-Stadt
Die Festung (16. Jh.) gefällt Jung und Alt. Beim steilen Anstieg können sich Kinder austoben.

6 Fußballstadion, Split
Heimspiele des Erstligisten Hajduk Split sind aufregend. *www.hajduk.hr*

7 Römische Ruinen, Salona
Ein Besuch der archäologischen Stätte regt die Fantasie an *(siehe S. 81)*.

8 Festung Sv. Ana, Šibenik
Während die Kinder in der alten Festung toben, können die Eltern die Aussicht genießen *(siehe S. 73)*.

9 Obala Kralja Petra Krešimira IV, Zadar
An Zadars schöner Uferpromenade steht eine Meeresorgel *(siehe S. 31)*.

10 Marionettentheater, Zadar
Bei schlechtem Wetter ist dies eine gute Alternative. *Sokolska 1 • 023 319 181*

Sport & Aktivurlaub **siehe S. 44f**

Links **Sommerfestival, Split** Rechts **Dubrovnik Festival**

Top 10 Feste & Veranstaltungen

1 Blasiusfest, Dubrovnik

Am 3. Februar gedenken die Bürger von Dubrovnik des Lebens und Wirkens ihres Schutzheiligen *(siehe S. 38f)*. Die Feiern beginnen um zehn Uhr mit einer Messe im Freien an der Kathedrale *(siehe S. 59)*. Um 11.30 Uhr werden Reliquien des hl. Blasius in einer Prozession durch die ganze Stadt getragen.

Festlichkeiten für den hl. Blasius

2 Karneval

Am Faschingsdienstag verbrennen Maskierte bei den spektakulären Karnevalsumzügen in Split symbolisch den Krnje. Diese mythische Figur verkörpert alles Böse, das der Stadt im vergangenen Jahr zustieß. Am selben Tag feiert man auf Lastovo mit dem Poklad-Fest einen Sieg über Piraten im 15. Jahrhundert. Dabei wird eine Puppe gejagt, gefangen genommen und auf dem Scheiterhaufen verbrannt.

3 Libertas Film Festival, Dubrovnik

Das Festival führt dem Publikum unabhängige Produktionen sowie Dokumentar- und Kurzfilme vor. *Juni oder Juli*

4 Sommertheater, Zadar

Das Theater-, Musik- und Tanzfestival wurde 1995 gegründet. Die meisten Veranstaltungen finden im Freien in der Altstadt statt. *Juli/Aug* • *www.hnk-zadar.hr*

5 Musikabende in Sv. Donat, Zadar

In Sv. Donat *(siehe S. 39)* und einigen anderen Kirchen in Zadar gibt es jeden Sommer Barock-, Renaissance-, Mittelalter- und Kammerkonzerte. *Mitte Juli–Mitte Aug* • *www.donat-festival.com*

6 Dubrovnik Festival

Seit über 60 Jahren finden im Rahmen des Festivals Theater, Tanz und Musik an historischen Stätten, in Kirchen und auf Freilichtbühnen in der ganzen Altstadt von Dubrovnik statt. Die Shakespeare-Aufführungen in der Festung Lovrijenac sind schnell ausverkauft. *Mitte Juli–Ende Aug* • *www.dubrovnik-festival.hr*

Musikabend in Sv. Donat

Museen & Sammlungen **siehe S. 40f**

7 Sommerfestival, Split
Oper, Ballett, klassische Musik, Pop und eine ganze Reihe von Theateraufführungen verschönern den Sommer in Split. Höhepunkte sind die Open-Air-Produktionen im Diokletianpalast *(siehe S. 22f)*, insbesondere die Aufführung von Verdis *Aida* im Peristyl. *Mitte Juli–Ende Aug • www.splitsko-ljeto.hr*

Moreška-Tänzer in traditionellen Kostümen

8 Moreška, Korčula-Stadt
Der traditionelle Schwerttanz aus dem 12. Jahrhundert wird zu Ehren des hl. Theodor (29. Juli) aufgeführt. Ein guter und ein böser König buhlen mit einem Kriegstanz zur Musik von Blechblasinstrumenten um die Gunst einer schönen Frau *(siehe S. 17)*.

9 Sommerfestivals
Von Juli bis August finden in ganz Dalmatien Sommerfestivals statt. Sie dauern zwischen zwei Wochen und zwei Monaten und bringen Tanz, Schauspiel und Musik in die Theater und auf die Freilichtbühnen. Interessant sind vor allem die Festivals von Cavtat, Hvar-Stadt, Makarska, Ston, Trogir und Pag.

10 Mittelaltermarkt, Šibenik
Jeden September, am Abend des Michaelistags, findet in Šibenik ein mittelalterlicher Jahrmarkt statt. Einheimische und Besucher probieren regionale Spezialitäten und stöbern nach traditionellen Souvenirs aus der Region.

Top 10 Veranstaltungsorte

1 Marin-Držić-Theater, Dubrovnik
Das schöne Theater bietet ein breites Programm. *Pred Dvorom 3 • 020 321 088*

2 Rektorenpalast, Dubrovnik
Klassische Freiluftkonzerte locken von April bis Oktober in das Atrium *(siehe S. 14f)*.

3 Palais Sponza, Dubrovnik
Das Palais (16. Jh.) besitzt einen stimmungsvollen Innenhof *(siehe S. 11 & S. 61)*.

4 Sv. Spas, Dubrovnik
Die Erlöserkapelle in der Altstadt bietet montags um 21 Uhr Klassik *(siehe S. 11)*.

5 Stadttheater, Hvar
Das Theater gehört zu den ältesten in Europa. *Trg Svetog Stjepana • 021 742 935*

6 Freilichtbühne, Korčula-Stadt
Die kompakte runde Arena liegt über dem Hafen und der Halbinsel Pelješac.

7 Festung Sv. Nikola, Šibenik
In der Hauptsaison strömen Konzertbesucher zu der Festung in Šibenik *(siehe S. 76)*.

8 Theater, Šibenik
Das grandiose Theater ist dem Teatro Fenice in Venedig nachempfunden. *Kralja Zvonimira 1 • 022 213 088*

9 Kroatisches Nationaltheater, Split
Die beeindruckende Bühne präsentiert Oper, Ballett und klassische Musik. *Trg Gaje Bulata 1 • 021 344 999*

10 Kroatisches Nationaltheater, Zadar
Die Bühne ist bekannt für Theater, Oper und Ballett. *Široka 8 • 023 314 586*

Mehr zu Kroatiens Geschichte **siehe S. 34f**

DUBROVNIK & KÜSTEN-REGIONEN

Links **Alter Hafen** Rechts **Konzert im Rektorenpalast**

Dubrovnik

FÜR LORD BYRON WAR DUBROVNIK *die »Perle der Adria«, George Bernard Shaw empfahl, dort das Paradies auf Erden zu suchen. Der ehemalige Stadtstaat hat sich von den Schäden der militärischen Angriffe von 1991/92 wieder erholt und wartet mit einer der schönsten und am besten erhaltenen barocken Altstädte in Europa auf. Die sorgfältig gepflegten Kirchen, Paläste und historischen Steinhäuser stehen innerhalb der wehrhaften Stadtmauer, die Dubrovniks berühmte* libertas *(Freiheit) jahrhundertelang schützte. Viele der heutigen Häuser wurden nach dem Erdbeben von 1667 detailgetreu wiederaufgebaut. Heute gelten in Dubrovnik strenge Bauvorschriften, die Einzelheiten wie die grüne Farbe der Fensterläden am Stradun genau reglementieren.*

Stadtmauer

TOP 10 Attraktionen

1. Stradun & Stadtmauer
2. Dominikanerkloster
3. Kathedrale
4. Sv. Vlaho
5. Rektorenpalast
6. Alter Hafen
7. War Photo Limited
8. Museum für moderne Kunst
9. Palais Sponza
10. Festung Lovrijenac

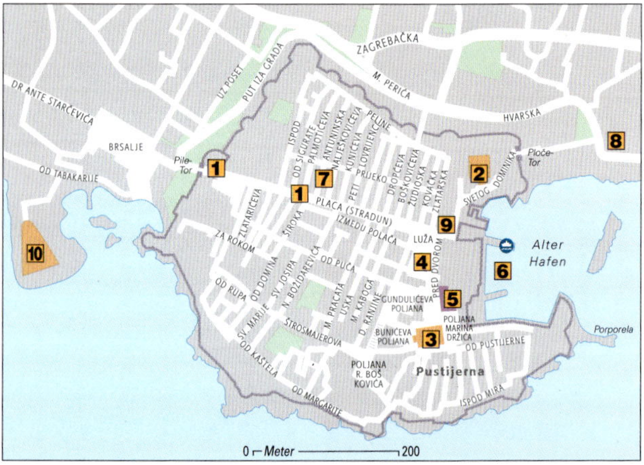

Vorhergehende Doppelseite **Hvar-Stadt auf der Insel Hvar**

1 Stradun & Stadtmauer

Dubrovnik lernt man beim Spaziergang auf dem Stradun oder rund um die Stadtmauer am besten kennen *(siehe S. 8–11)*.

2 Dominikanerkloster

Unter der Bedingung, dass sie den östlichen Zugang mit schützten, durften sich die Dominikaner im 14. Jahrhundert in der Stadt niederlassen. Nachdem das Erdbeben von 1667 den Originalkomplex zerstört hatte, wurden die heutigen Klostergebäude – die große Kirche, der Kreuzgang und das Museum – von Grund auf neu errichtet. Zu den Höhepunkten gehören der gotische Kreuzgang, das *Kruzifix* des italienischen Malers Paolo Veneziano (14. Jh.) in der Kirche sowie das Museum mit einer Bibel aus dem 11. Jahrhundert und dem Tizian-Gemälde *Hl. Blasius, Hl. Maria Magdalena, der Engel Tobias und der Käufer*. Der kniend abgebildete Mann ist ein Mitglied der einst mächtigen Familie Gučetić (Gozze), die das Werk stiftete.
Svetog Dominika 4 • Karte K4 • 020 321 423 • Mai–Okt: tägl. 9–18 Uhr; Nov–Apr: tägl. 9–17 Uhr • Eintritt

Schädelreliquiar

***Kruzifix* von Paolo Veneziano**

3 Kathedrale

Die von italienischen Baumeistern nach dem Erdbeben von 1667 errichtete barocke Kathedrale *(siehe S. 39)* ersetzte einen romanischen Bau. Berühmt ist die Sammlung von 200 Reliquiaren, darunter ein byzantinisches (12. Jh.) mit dem Totenschädel des hl. Blasius *(links)* sowie dessen Hand- und Fußreliquiare. Sehenswert sind zudem ein angebliches Fragment des Christuskreuzes sowie die Nachbildung eines Madonnenbildes von Raffael, die von dem Meister selbst angefertigt worden sein soll. *Poljana Marina Držića • Karte J6 • 020 323 459 • Schatzkammer: Apr–Okt: Mo–Sa 9–17 Uhr, So 11–17 Uhr; Nov–März: Mo–Sa 10–12, 15–17 Uhr, So 11–12, 15–17 Uhr • Eintritt*

4 Sv. Vlaho

Die ursprüngliche Blasiuskirche aus dem 14. Jahrhundert überstand zwar das Erdbeben relativ intakt, fiel aber 1706 einem Brand zum Opfer. Noch im selben Jahr begannen die Arbeiten am Neubau nach Entwürfen des Italieners Marino Gropelli, der sie innen wie eine Barockkirche aus seiner Heimat gestaltete. Die reich verzierte Fassade gliedern vier Säulen, darüber ragen mehrere Heiligenfiguren auf. Die für diesen Teil Europas ungewöhnlichen Buntglasfenster wurden erst im späten 20. Jahrhundert hinzugefügt *(siehe S. 11 & S. 38f)*.

5 Rektorenpalast

In diesem Palast wohnte der Rektor, das Stadtoberhaupt von Dubrovnik, ohne seine Familie während seines einmonatigen Mandats. Das Gebäude durfte er nur für amtliche Geschäfte verlassen *(siehe S. 14f)*.

Informationen über Dubrovnik im Internet
www.croatia.hr/de-DE/Reiseziele

Fall der Republik

Dubrovnik war stets stolz auf seine *libertas*, musste sie jedoch am 25. Mai 1806 für Frankreichs Hilfe zur Abwehr der russisch-montenegrinischen Belagerung aufs Spiel setzen. Die Franzosen blieben länger als erwünscht – am 31. Januar 1808 wurde die Republik Ragusa unter dem Namen Dubrovnik offiziell Teil der »Illyrischen Provinzen« Napoléons.

6 Alter Hafen

Dubrovniks erster Hafen befand sich an der Westseite der Stadt zwischen dem Pile-Tor und der Festung Lovrijenac. Doch er bot zu wenig Schutz und wurde außerdem für die wachsende Stadt zu klein. Der Alte Hafen an der Ostseite der Altstadt ist wesentlich größer und durch die Festungen Revelin und Sv. Ivan zu beiden Seiten gut geschützt. Hier gibt es nur ein, zwei Plätzchen, an denen man etwas essen und das geschäftige Treiben im Sommer genießen kann: das Durcheinander um die kleinen Fischer- und Urlauberboote im geschützten Hafen und den schönen Ausblick entlang der Küste bis nach Cavtat. ✎ *Karte K5*

7 War Photo Limited

Unter der Leitung des Neuseeländers Wade Goddard, der früher selbst fotografierte, entwickelt sich War Photo Limited zu einem wichtigen Zentrum für Kriegsfotografien. Auf zwei Etagen zeigen eindrucksvolle Bilder durchaus schockierende Details, doch widersteht die Sammlung der Versuchung, abzustempeln und zu verurteilen. Ein separater Raum ist dem Krieg und den Konflikten beim Zerfall des früheren Staates Jugoslawien gewidmet. Nur wenige Gäste besuchen dieses neue und umstrittene Museum in einer Seitenstraße des Stradun. Die wohl beste Bestätigung für das Konzept von Wade Goddard ist die Meinung vieler Kroaten und Serben, denen die Ausstellung zu pro-serbisch bzw. zu pro-kroatisch ist. ✎ *Antuninska 6 • Karte H4 • 020 322 166 • Juni–Sep: tägl. 10–22 Uhr; Mai & Okt: Di–So 10–16 Uhr • Eintritt • www.warphotoltd.com*

War Photo Limited

***Olivenbäume* von Ignjat Job, Museum für moderne Kunst**

8 Museum für moderne Kunst

Diese Sammlung befindet sich in einer Renaissancevilla in bester Lage im wohlhabenden Ploče. Der leichte, luftige Bau bietet das perfekte Ambiente für Dauer- und Wechselausstellungen. Besonders sehenswert sind die Skulpturen von Ivan Meštrović (1883–1962), Porträts von Vlaho Bukovac (1855–1922) aus Cavtat und Arbeiten des bekannten kroatischen Bildhauers Frano Kršinić (1897–1982) aus Lumbarda auf Korčula. ✎ *Frana Supila 23 • Karte M5 • 020 426 590 • Di–So 9–20 Uhr • Eintritt • www.ugdubrovnik.hr*

Museen & Sammlungen **siehe S. 40f**

Palais Sponza

9 Palais Sponza

Das Meisterwerk (1506–22) des Baumeisters Paskoje Miličević überstand als eines von wenigen Gebäuden das Erdbeben von 1667. Von außen bietet es eine verblüffende Kombination aus Gotik- und Renaissance-Elementen. Zu den Höhepunkten zählen Fenster im gotischen Flamboyantstil im ersten Stock, ein gotischer Kreuzgang und meisterhafte Steinmetzarbeiten der Brüder Nikola und Josip Andrijić, darunter ein würdevoller hl. Blasius, der vom zweiten Stock auf den Stradun hinunterblickt *(siehe S. 11)*.

10 Festung Lovrijenac

Die westlich der Stadtmauer auf einem aus der Adria aufragenden Felsen gelegene Festung diente Dubrovnik als Goldspeicher sowie als wichtiger Militärbau. Bei einer Rebellion konnte man von hier aus die Stadt unter Kontrolle bringen. Das oft zitierte Motto der Stadt ziert den Eingang: »Die Freiheit wird um alle Reichtümer der Welt nicht verkauft.« Besonders stimmungsvoll ist es hier beim Dubrovnik Festival *(siehe S. 54)*, wenn Shakespeare-Monologe durch die Mauern schallen. Auch an heißen Tagen lohnt der dann etwas strapaziöse Aufstieg.

Karte M5 • 020 324 641 • tägl. 9–18 Uhr • Eintritt (für Rollstühle nicht geeignet)

Ein Tag in Dubrovnik

Vormittag

Frühaufsteher sollten die **Stadtmauer** zur Öffnung um 9 Uhr erklimmen, sie haben sie dann weitgehend für sich. Bei einem ruhigen Rundgang genießt man die Aussicht und beobachtet das langsame Erwachen der Stadt. Besuchen Sie das **Schifffahrtsmuseum** *(siehe S. 40)* in der Festung Sv. Ivan und das **Aquarium** *(siehe S. 62)*. Steigen Sie hinab zum **Stradun** und genießen Sie Kaffee und Gebäck im **Café Festival** *(siehe S. 65)* – dort kann man das turbulente Straßenleben auf der Hauptstraße der Stadt beobachten.

Bummeln Sie anschließend weiter auf dem Stradun, wo verschiedene Attraktionen, vor allem jedoch die Atmosphäre locken. Stärken Sie sich mit einem frühen Mittagessen mit Meeresfrüchten im **Kamenice** *(siehe S. 68)* auf dem **Gundulićeva Poljana** *(siehe S. 62)* vor der herrlichen Farb- und Geräuschkulisse des dortigen Marktes.

Nachmittag

Nach dem Mittagessen machen Sie im **Rektorenpalast** eine Audioführung. Danach geht es zum Luža-Platz, wo der **Stradun** beginnt. Erkunden Sie von dort aus die Attraktionen der Fußgängerzone, während Sie langsam in Richtung Pile-Tor und zum gastfreundlichen Café **Dubravka** *(siehe S. 65)* schlendern oder sich vielleicht zu einem frühen Abendessen im Restaurant **Nautika** *(siehe S. 69)* entschließen. Dort hat man einen fantastischen Blick auf eine der schönsten Städte Europas.

Bei Konzerten herrscht auf dem Platz vor dem Palais Sponza eine ganz besonders schöne Atmosphäre.

Links **Sv. Ignacija** Rechts **Gundulićeva Poljana**

Top 10 Dies & Das

1 Kloster Sv. Klara

Das orangefarben leuchtende Dach des ehemaligen Klosters fällt schon beim Rundgang auf der Stadtmauer *(siehe S. 8f)* auf. Im Kreuzgang befindet sich das elegante Restaurant Klarisa. *Poljana Paska Miličevica 4 • Karte H5*

2 Orthodoxes Kirchenmuseum

Zwei Türen von der serbisch-orthodoxen Kirche entfernt zeigt das Ikonenmuseum Arbeiten des 15. bis 19. Jahrhunderts. *Od Puča 8 • Karte J5 • 020 323 283 • wegen Restaurierung geschl. • Eintritt*

3 Sv. Ignacija

Die Jesuitenkirche aus dem 18. Jahrhundert thront über einem der Spanischen Treppe in Rom nachempfundenen Aufstieg. Den Innenraum zieren schöne Trompe-l'Œil-Malereien. *Poljana R Boškovića • Karte J6 • tägl. 8–19 Uhr*

4 Pustijerna

Bei einem Bummel durch die Straßen des Viertels südlich vom Stradun kann man Spuren der alten Stadtmauer entdecken. Die (oft zerfallenen) mittelalterlichen Häuser in den engen Gassen vermitteln einen Eindruck von Dubrovnik vor 1667. *Karte K6*

5 Synagoge

Angeblich ist in Europa nur eine Synagoge in Prag älter als dieser kleine Bau oberhalb des Stradun. *Žudioska 5 • Karte J5 • Mo–Fr (Mai–Okt: tägl.) • Eintritt*

6 Gundulićeva Poljana (Gundulić-Platz)

Auf dem schönen Platz steht die Statue des Poeten Ivan Gundulić (17. Jh.), der in *Osman* einen Sieg der Slawen über die Türken beschrieb. Morgens findet hier ein bunter Markt statt. *Karte J5*

7 Aquarium

Das Aquarium in der Festung Sv. Ivan ist ideal für Regentage. Zu sehen sind u. a. Stachelrochen, Muränen und Seepferdchen. *Kneza Damjana Jude 2 • Karte K6 • 020 323 978 • Apr–Okt: tägl. 9–20 Uhr (Juli–Okt: bis 21 Uhr); Nov–März: Mo–Sa 9–13 Uhr • Eintritt*

8 Sv. Luka

Neun Jahrhunderte lang wurde die kleine Kirche umgebaut, 1787 erhielt sie ihre heutige Form. Achten Sie auf die Heiligen über der Haupttür und die heute im Innenraum befindliche Galerie. *Svetog Dominika 4 • Karte K4 • 020 321 603 • wechselnde Öffnungszeiten*

9 Volkskundemuseum Rupe

Das Museum für Alltagskultur befindet sich in einem Bau, der einst als Getreidespeicher im Falle von Belagerungen gedacht war. *Od Rupa 3 • Karte H5 • 020 323 018 • Mi–Mo 9–16 Uhr • Eintritt*

10 Marin-Držić-Haus

Das Museum ist einem gefeierten Dubrovniker Dramatiker des 16. Jahrhunderts gewidmet. *Široka 7 • Karte H5 • Di–So 9–20.30 Uhr • Eintritt*

Weitere Kathedralen & Kirchen in Dalmatien **siehe S. 38f**

Links **Croata** Mitte **Vinoteka Miličić** Rechts **Dubrovačka Kuća**

TOP 10 Shopping

1 Medusa
Bei Medusa findet man kroatisches Kunsthandwerk, Holzspielzeug und regionale Spezialitäten. Einheimische Maler stellen hier ihre Bilder aus. *Prijeko 18 • Karte J4*

2 Dubrovačka Kuća (Dubrovnik-Haus)
Der charmante Laden mit Galerie hat kroatischen Qualitätswein, istrische Trüffeln, traditionelle Souvenirs und Gemälde im Sortiment. *Svetog Dominika bb • Karte K4*

3 Vinoteka Miličić
Der großartige kleine Weinladen im Zentrum der Altstadt verkauft neben kroatischem und slowenischem Wein auch Olivenöl und Trüffeln. Der Eingang befindet sich am Stradun. *Od Sigurate 2 • Karte H4*

4 Croata
Wo könnte man Krawatten besser kaufen als in dem Land, in dem sie erfunden wurden? Alle Croata-Krawatten sind aus Seide und handgemacht, Filialen gibt es auch in Split. *Pred Dvorom 2 • Karte J5*

5 Algoritam
Der zentral gelegene Buchladen bietet eine reichhaltige Auswahl an fremdsprachiger Literatur und Sachbüchern. Hier bekommt man auch Landkarten, Bücher mit Redewendungen sowie kroatische Wörterbücher. *Placa 8 • Karte J5*

6 Tilda
Der kleine Souvenirladen liegt versteckt zwischen Stradun und Prijeko. Er bietet eine Auswahl an traditioneller Kleidung und handbestickten Stoffen. *Zlatarska 1 • Karte J5*

7 La Scarpa
Liebhaberinnen von schicken Handtaschen und Schuhen können in der kleinen Boutique den handgemachten Lederwaren zu vernünftigen Preisen nur schwer widerstehen. *Od Puča 8 • Karte J5*

8 Galerija Buža
Gleich ums Eck beim Orthodoxen Kirchenmuseum befindet sich dieser kleine Laden mit modernem Schmuck von Ivona Matica. Sie betreibt auch einen Laden in Zagreb. *Miha Pracata 2 • Karte J5*

9 Ronchi
1858 kam die Familie Ronchi aus Italien und gründete hier ihren Hutladen, der bis heute noch Bestand hat, allerdings leitet heute Marina Grabovac das Geschäft. Sie arbeitet mit den alten Handwerkstechniken der Ronchis und fertigt wunderbar schicke Hüte für Damen und Herren. *Lučarica 2 • Karte J5*

10 Jegerstar
Dieser große Schuhladen führt Markenschuhe, etwa von Camper, Kickers und Diesel, und beschäftigt freundliches, hilfsbereites Personal. *Od Puča 7 • Karte J5*

Shopping-Tipps **siehe S. 106**

Links **Troubadour Hard Jazz Café** Rechts **Nonenina**

Top 10 Clubs

1 Nonenina
Das Nonenina bietet in zentraler Lage Tische im Freien und einen schönen Blick auf den Rektorenpalast – insgesamt eine gute Adresse für Cocktails am Abend. *Pred Dvorom 4 • Karte J5*

2 Troubadour Hard Jazz Café
Die Tische des kleinen Cafés stehen bis auf den Platz hinter der Kathedrale und sind wegen der regelmäßigen Konzerte fast immer besetzt. Sollten Sie keinen Sitzplatz ergattern: Die Musik hören Sie bis in die nahen Bars. *Bunićeva Poljana • Karte J6*

3 Night Club Fuego
DJs spielen alle Musikstile außer Techno, hin und wieder gibt es auch Live-Musik. Ein Chill-out-Room, die Happy Hour (23–24 Uhr) und zu guter Letzt die großartige Lage direkt beim Pile-Tor machen das Fuego beliebt. *Brsalje 8 • Karte G4*

4 East–West
In diesem schicken Club am Banje-Strand finden abends oft Partys statt. Traumhaft schöner Blick über das Wasser auf die Stadt. *Frana Supila bb • Karte M5*

5 Organic Bio Bar
Die einzigartige Lounge-Bar am Lapad-Strand ist angeblich die erste Bar am Mittelmeer, die Bio-Cocktails serviert. Diese sowie die Snacks mit Shiitake-Pilzen sind besonders beliebt. *Lapad-Bucht • Karte L4*

6 Capitano
Das Capitano nahe dem Pile-Tor ist *die* Adresse für Nachtschwärmer, hat es doch am längsten offen. Im Sommer feiert man hier bis nach Sonnenaufgang. *Izmedu vrta 2 • Karte G4*

7 Galerie
Diese nette kleine Bar nahe dem Stradun wird von jungen Gästen bevölkert. Man spielt Pop, Rock und Dance Music. Das Fresh Sheets Hostel *(siehe S. 116)* organisiert hier regelmäßig »Get-together«-Abende *Kunićeva 5 • Karte J4*

8 Culture Club Revelin
Jeden Abend wird die Festung Revelin zu Dubrovniks Zentrum des Nachtlebens. Elektronische Musik wird mit Lasern und visuellen Effekten untermalt. *Svetog Dominika bb • Karte K4*

9 Club Lazareti
Im alten Quarantänehaus und in den Werkstätten wird traditionelle und zeitgenössische Volksmusik aufgeführt. Achten Sie auf Plakate oder erkundigen Sie sich im Fremdenverkehrsbüro nach dem Programm. *Frana Supila 8 • Karte M5*

10 Klub Orlando
Der Club liegt nur zehn Gehminuten nördlich der Altstadt und zieht mit Konzerten kroatischer Bands, Kultfilmen und Disco ein junges Grunge-Publikum an. *Branitelja Dubrovnika 41 • Karte M4*

Die meisten Clubs haben sehr lange Öffnungszeiten. Die Gäste können bis in die Morgenstunden feiern.

Links **Buža** Rechts **Katie O'Connor's**

TOP 10 Cafés & Bars

1 Café Festival
Lehnen Sie sich in den auf dem Gehweg aufgestellten Regiestühlen des heiteren, kultivierten Cafés am Westende des Stradun zurück und lassen Sie die Welt an sich vorüberziehen – wer will, bei einem Single-Malt-Scotch. *Placa 28 • Karte H5*

2 Buža
Folgen Sie an einem sonnigen Tag den Schildern vom Gundulićeva Poljana *(siehe S. 62)* zur Freiluftbar auf den Felsen außerhalb der südlichen Stadtmauer. Hier locken der Blick über das Meer auf Lokrum und kalte Getränke (sonst gibt es nichts). *abseits der Od Margarite • Karte J6*

3 Gradska Kavana
Das renovierte Café besitzt eine Terrasse, von der man wunderbar Leute beobachten kann. *Pred Dvorom 1 • Karte J5*

4 Café Dubravka
Der Blick von der Terrasse dieses Cafés zwischen dem Pile-Tor und der Festung Lovrijenac ist einfach spektakulär. *Brsalje 1 • Karte G4*

5 Katie O'Connor's
Das reizende Irish Pub ist in einem jahrhundertealten Keller untergebracht. In ganz Dubrovnik gibt es keine größere Auswahl an Bier, Stout, Ale, Cider und Spirituosen. Das englische Frühstück ist ebenfalls empfehlenswert. *Dropčeva 4a • Karte J5*

6 Lapad Beach
Der Komplex am Strand der Lapad-Bucht kombiniert Bar, Restaurant und eine Lounge-Terrasse. Dies ist ein guter Platz für Drinks und Snacks tagsüber, abends startet hier nach Sonnenuntergang das Partyfieber. *Lapad-Bucht • Karte L4*

7 Irish Pub Karaka
Das turbulente Pub mit Fußballübertragungen und einer langen Happy Hour (17–20 Uhr) ist bei englischsprachigen Gästen sehr beliebt. *Između Polača 5 • Karte J5*

8 Gaffe Pub
Das Gaffe ist ein etwas feineres Irish Pub mit klassischer Ausstattung in Grün und dunklem Holz. Das Personal ist freundlich, die Atmosphäre entspannt. *Miha Pracata 4 • Karte J5*

9 D'Vino
Diese kleine Weinbar im Zentrum der Altstadt bietet ihren Gästen sehr gute dalmatinische Weine, auch glasweise. Es ist ein netter Platz mit Steinmauern und sanfter Beleuchtung. *Palmotićeva 4a • Karte H5*

10 Razonoda Wine Bar
Genießen Sie in dieser Bar im Pucić-Palast Weine aus dem In- und Ausland. Die Weine werden glasweise verkauft. Bringen Sie ausreichend Bargeld oder eine Kreditkarte mit. *Od Puča 1 • Karte J5*

Bez broja *(»bb«) in kroatischen Adressen heißt »ohne Nummer«.*

Links **Lokrum** Rechts **Banje**

TOP 10 Außerhalb der Stadtmauer

1 Hafen Gruž
Im zunehmend geschäftigen Hafen nördlich der Altstadt tummeln sich Fähren und Kreuzfahrtschiffe. Dort stehen auch alte Palazzi in venezianischem Stil. Werktags gibt es morgens einen Obst- und Gemüsemarkt – eine Gelegenheit, das echte Dubrovnik zu erleben. *Karte L4*

2 Berg Srđ
Mit der neuen Seilbahn erreicht man den Gipfel des Bergs Srđ in vier Minuten. Es bietet sich ein unvergesslicher Ausblick auf die Altstadt und rund 50 Kilometer weit in die Umgebung. *Karte M4*

3 Insel Lokrum
Die idyllische Insel mit stillen Buchten, altem Kloster und einer zerfallenen Festung liegt verführerisch nahe und ist doch eine andere Welt. Die Fähren legen im Alten Hafen ab. *Karte M5*

4 Banje
Der Strand mit schönem Blick auf die Altstadt wurde mit importiertem Sand, Bar, Restaurant und Sonnenterrasse aufgemöbelt. Sonnenliegen und Badetücher werden gegen Gebühr verliehen. *Karte K5*

5 Tuđman-Brücke
Die elegante Brücke, ein angemessen großartiger nördlicher Zugang zur Stadt, ist ein beeindruckendes Denkmal für den früheren Präsidenten. *Karte K2*

6 Halbinsel Lapad
Trotz der vielen Hotels hat sich die Halbinsel dank ihrer grünen Wälder ihre Schönheit bewahrt. Es gibt gute Wanderrouten, z. B. zum höchsten Gipfel (192 m) Velika Petka. *Karte K4*

7 Halbinsel Babin Kuk
Auch Lapads baumbestandene Nachbarhalbinsel Babin Kuk eignet sich trotz der vielen Hotelbauten gut für schöne Spaziergänge. *Karte K4*

8 Copacabana Beach
Der beliebte Strand bietet Wassersportmöglichkeiten wie Windsurfen, Wasserski- und Banana-Boat-Fahrten. Man kann auch mit gemieteten Kajaks die Halbinsel Babin Kuk vom Meer aus erkunden. Für Kinder gibt es Wasserrutschen, für Erwachsene Strandbars. *Karte L4*

9 Lapad-Bucht
Am Strand der Bucht zwischen Lapad und Babin Kuk, dem größten in Dubrovnik, stehen Schatten spendende Bäume, die in der Nachmittagshitze für Kühle sorgen. *Karte L4*

10 Votivkirche
Die älteste Kirche außerhalb der Altstadt ist Blasius, dem Schutzheiligen von Dubrovnik, geweiht. Mindestens seit dem 13. Jahrhundert steht an dieser Stelle eine Kirche, die heutige stammt aus dem 14. Jahrhundert. *Gorica-Berg, Gruž • Karte L4*

Ausflüge nach Montenegro, Mostar & Međugorje organisiert z. B. das Reisebüro Atlas **www.atlas-croatia.com**

Ausflugsboote aus Dubrovnik

TOP 10 Abstecher

1 Bootsfahrten

Unzählige Ausflugsboote fahren vom Alten Hafen und von Gruž hinaus in die Adria zu den nahe gelegenen Inseln. Es werden Kurz-, Halbtages- und Tagestouren angeboten. *Karte K5 & L4*

2 Cabrio-Bus

In den oben offenen Reisebussen kann man sich entspannt zurücklehnen und die von Reiseleitern geführten Ausflüge jenseits der Stadtmauern genießen. *Bushaltestelle am Pile-Tor • Karte G4 • 020 357 020 • www.libertasdubrovnik.hr*

3 Konavle-Safaris

Auf einer »Ökotour« durch die unberührte Natur südlich von Dubrovnik kann man einmal alles hinter sich lassen. Einige Veranstalter holen Sie sogar vom Hotel ab. Informationen erhalten Sie im Fremdenverkehrsbüro. *Karte L3*

4 Mlini

In diesem ruhigen kleinen Fischerdorf elf Kilometer südlich von Dubrovnik gibt es Palmen am Meer, traditionelle Steinhäuser, zahlreiche Bäche, die einst Mühlen antrieben, und einen netten Strand. *Karte L3*

5 Srebreno

Mlinis Nachbarort Srebreno besitzt einen langen Strand und zwei Campingplätze. Der ruhige Ferienort ist Ausgangspunkt für Spaziergänge und Wanderungen in die Berge, die das Dorf vor Nordwind schützen. *Karte L2*

6 Kotor

Knapp hinter der Grenze zu Montenegro erstreckt sich die wunderschöne Bucht von Kotor. Die gleichnamige Stadt ist charmant und reich an historischen Spuren. *Karte M3*

7 Sveti Stefan

Etwas weiter in Montenegro liegt diese Hotelanlage, einst Treffpunkt des internationalen Jetsets, auf einer eigenen Insel. Heute können Tagesgäste die Insel und das Restaurant besuchen. *außerhalb der Karte*

8 Vjetrenica

Die rund sechs Kilometer lange Höhle in Popovo Polje jenseits der Grenze zu Bosnien & Herzegowina ist wegen der 200 Arten, die hier leben, eine der artenreichsten Höhlen der Welt. *Karte L2*

9 Mostar

Die alte Brücke, die Mostar seinen Namen verlieh, wurde nach ihrer Zerstörung 1993 originalgetreu rekonstruiert. Sie ist die größte Sehenswürdigkeit der bosnischen Stadt nahe der kroatischen Grenze. *außerhalb der Karte*

10 Međugorje

Sogar während des Krieges kamen Pilger ins bosnische Međugorje, wo die Jungfrau Maria 1981 zwei Teenagern erschienen sein soll. Leider verderben touristische Einrichtungen den Ort ein wenig. *Karte J1*

Mlini & Srebreno erreicht man per Bus von Dubrovnik. Nehmen Sie Ihren Pass mit, wenn Sie Staatsgrenzen überqueren wollen.

Links **Mea Culpa** Mitte **Kamenice** Rechts **Oliva Pizzeria**

Top 10 Preiswert essen

1 Mea Culpa
Riesige Pizzas und vernünftige Preise machen das Mea Culpa bei seinen Gästen beliebt. Plätze gibt es im gemütlichen Innenraum und im Freien. *Za Rokom 3 • Karte H5 • 020 323 430 • K*

2 Nishta
Dubrovniks einziges vegetarisches Restaurant mit veganen und glutenfreien Angeboten bietet leckere Gerichte mit mexikanischem und asiatischem Touch. Reservierung wird empfohlen. *Prijeko bb • Karte H4 • 020 322 088 • Jan–Feb geschl. • KKK*

3 Kamenice
Der weiße Hauswein passt gut zu den großen Platten mit Tintenfisch, frischen Muscheln, Seafood-Risotto und gegrillten Scampi. Das Preis-Leistungs-Verhältnis ist gut, die Lage schön. *Gundulićeva Poljana 8 • Karte J5 • 020 323 682 • K*

4 Oliva Pizzeria
Oliva macht gute italienische Pizzas, Pasta und Salate. Die Pizza gibt es auch stückweise zum Mitnehmen. *Lučarica 5 • Karte J5 • 020 324 594 • KK*

5 Lokanda Peskarija
In der Lokanda Peskarija werden einfache Gerichte aus Muscheln, Tintenfischen und Scampi serviert. Bänke im Freien mit Blick zum Alten Hafen. *Na Ponti bb • Karte K5 • 020 324 750 • 25. Dez– 1. Feb geschl. • K*

6 Taj Mahal
Trotz des Namens handelt es sich hier um kein indisches, sondern um ein gutes bosnisches Restaurant. Die Küche ähnelt der türkischen. *Nikole Gučetića 2 • Karte H5 • 020 323 221 • KKK*

7 Arka
Das Restaurant besitzt eine vielfältige Speisekarte mit dalmatinischen Gerichten und guten vegetarischen Optionen. Das Arka bietet auch Informationen für Urlauber und Internet-Zugang. *Od Jeznita 7 • Karte J5 • Nov–März geschl. • KKK*

8 Blidinje
Von den Tischen auf der Dachterrasse hat man einen tollen Blick über den Hafen von Gruž. Im Blidinje gibt es gute Grillgerichte und große Pizzas. *Lapadska Obala 21 • Karte L4 • 020 358 794 • KKK*

9 Spaghetteria Toni
Die hervorragende kleine Trattoria nahe dem Stradun serviert frische Nudelgerichte – auch in leckeren Variationen für Vegetarier. *Nikole Božidarevića 14 • Karte H5 • 020 323 134 • K*

10 Škola
Der Stand verkauft Sandwiches, z. B. mit hausgemachtem Käse, *pršut* (Schinken) und Gemüse, zu unschlagbar günstigen Preisen. Das Brot wird frisch vor Ort gebacken. *Antuninska 1 • Karte H5 • 020 321 096 • K*

Neben Restaurants in allen Preiskategorien gibt es in vielen Orten Kroatiens auch Imbisslokale für den kleinen Hunger.

Preiskategorien

Preis für ein Drei-Gänge-Menü pro Person mit einer halben Flasche Wein, inkl. Steuern und Service.	K	unter 100 K
	KK	100–150 K
	KKK	150–200 K
	KKKK	200–250 K
	KKKKK	über 250 K

Restaurant Nautika

TOP 10 Spitzenrestaurants

1 Nautika
Genießen Sie direkt am Adriatischen Meer eine Adria-Fischplatte für mehrere Personen oder ein Chateaubriand *(siehe S. 49)*. *Brsalje 3 • Karte G4 • 020 442 526 • Dez–Jan geschl. • KKKKK*

2 Defne
Das Sommerrestaurant im Pucić-Palast wartet mit einer Terrasse und der überaus innovativen Küche des östlichen Mittelmeerraums auf. *Od Puča 1 • Karte J5 • 020 326 222 • Nov–Apr geschl. • KKKKK*

3 Sesame
Das romantische Restaurant mit Dachterrasse liegt östlich des Pile-Tores und ist ein guter Ort, um dem Trubel zu entkommen. Man serviert delikate dalmatinische Küche. *Dante Alighierija bb • Karte M4 • 020 412 910 • KKKK*

4 Poklisar
Hier offeriert man dalmatinische Fischspezialitäten, aber auch preiswerte Pizza mit Meeresfrüchten. Bemerkenswert sind die schöne Aussicht auf den Alten Hafen und die langen Öffnungszeiten. *Ribarnica 1 • Karte K5 • 020 322 176 • Jan–Feb geschl. • KKKK*

5 Rozario
Das gemütliche Lokal in der Altstadt bei der Kirche Sv. Nikola bereitet leckere Fleisch- und Fischgerichte vom Grill zu. *Prijeko 1 • Karte J5 • 020 322 015 • Jan geschl. • KKKK*

6 Proto
Das Proto ragt unter den Lokalen der Altstadt heraus. Die Speisekarte bietet viel Seafood, aber auch Fleisch. Im Sommer ist die Terrasse im ersten Stock ideal. *Široka 1 • Karte H5 • 020 323 234 • KKKK*

7 Domino
Durch seine riesige Reklamewand ist das Lokal einfach nicht zu übersehen. Hier kann man saftige Steaks auf der schönen Terrasse genießen. *Od Domina 3 • Karte H5 • 020 323 103 • Dez–Jan geschl. • KKKKK*

8 Gil's
Das reizende Restaurant in einer kleinen Seitenstraße der Altstadt serviert moderne französische Küche. *Petilovrijenci 4 • Karte K5 • 020 322 222 • Nov–Apr geschl. • KKKKK*

9 Orhan
Rund 200 Meter außerhalb der Altstadt serviert man delikate Fleisch- und Fischgerichte auf einer Terrasse am Wasser. Das Orhan liegt am Fuße der Festung Lovrijenac, die nachts eindrucksvoll beleuchtet ist. *Od Tabakarije 1 • Karte G5 • 020 414 183 • KKKK*

10 Orsan
Hier gibt es perfekte Fischgerichte von täglich wechselnden Karten (abhängig vom Fischfang). Tische im Freien unter Pinien. *Ivana Zajca 2 • Karte L4 • 020 436 822 • Dez geschl. • KKKKK*

In Kroatien ist das Rauchen in Cafés, Bars, Restaurants & Clubs verboten.

Links **Altstadt von Šibenik** Rechts **Primošten**

Nord-Dalmatien

MIT KRKA UND KORNATI BESITZT *Nord-Dalmatien zwei der eindrucksvollsten Nationalparks in Europa, die mit ihrer atemberaubenden Schönheit jeden verzaubern – vom Kind bis zum erfahrenen Weltenbummler. Die Region rund um diese grandiosen Parks ist noch nicht überlaufen, selbst in den beiden Küstenstädten Zadar und Šibenik drängen sich die Besucher selten in Scharen. Der historische Kern der pulsierenden Adria-Stadt Zadar erwacht im Sommer mit Straßencafés und Restaurants aus seinem Dornröschenschlaf. Šibenik ist hingegen stolz auf seine faszinierende Kathedrale Sv. Jakov sowie auf seine verwinkelte Altstadt, die mit ganz besonderem Flair lockt. Anderswo warten Überraschungen wie die schmucken, am Wasser gelegenen Städte Skradin und Novigrad. Im äußersten Norden der Region erstrecken sich bei der geschichtsträchtigen Stadt Nin einige der besten Strände des Landes.*

Nationalpark Krka

TOP 10 Attraktionen

1. Altstadt von Zadar
2. Altstadt von Šibenik
3. Nationalpark Krka
4. Nationalpark Paklenica
5. Nin
6. Primošten
7. Tribunj
8. Krapanj
9. Skradin
10. Novigrad

Vorhergehende Doppelseite **Blick auf den Strand Zlatni Rat (Goldenes Horn) bei Bol auf der Insel Brač**

Seetor in der Altstadt von Zadar

1 Altstadt von Zadar

Zadar hat sich von dem wirtschaftlichen Desaster der Kriegsjahre erholt und ist wieder eine lebhafte Adria-Stadt. Der schöne historische Kern liegt auf einer markanten Halbinsel. In der kompakten und weitgehend für den Verkehr gesperrten Altstadt befinden sich Zadars Hauptattraktionen, so das römische Forum und Sv. Donat *(siehe S. 30f)*.

2 Altstadt von Šibenik

Šibenik wurde von Kroaten und nicht von Römern oder Venezianern gegründet. Deshalb erstaunt es nicht weiter, dass sich der historische Kern deutlich von dem anderer Adria-Städte unterscheidet. Die Gebäude sind kleiner und die Straßen wesentlich schmäler und verwinkelter – ein wahres Labyrinth, in dem man sich mit etwas Fantasie leicht um Jahrhunderte zurückversetzt fühlen kann. Bummeln Sie einfach durch die Straßen unterhalb der Burg Sv. Ana und versäumen Sie nicht die Kathedrale Sv. Jakov *(siehe S. 28f & S. 37)*.

Karte C4 • Information: Fausta Vrančića 18; 022 212 075

3 Nationalpark Krka

Dieser Natur-»Spielplatz« mit Teichen, Wasserfällen und smaragdgrünen Seen eignet sich perfekt für einen Tagesausflug. Vergessen Sie an heißen Tagen die Badesachen nicht, da das Boot, das Sie von Skradin in den Park bringt, bei Skradinski Buk anlegt: Dort kann man sich herrlich im klaren Wasser der Krka abkühlen. Der Park ist auf Besucher gut vorbereitet. Boote fahren zu den Klöstern Visovac und Krka und zu den Wasserfällen Roški Slap, zudem gibt es Restaurants, Eisdielen, Cafés und Souvenirläden *(siehe S. 20f)*.

4 Nationalpark Paklenica

Der 1949 gegründete Nationalpark steht bei slowenischen und italienischen Kletterern und Wanderern hoch im Kurs. Die geschützte Wildnis mit den markanten Kalksteingipfeln erstreckt sich von der Küste durch zwei steile Schluchten, die rundum erkundet werden können. Velika Paklenica eignet sich gut für Tagesausflügler und Wanderer, die rauere, anspruchsvollere Mala Paklenica erfordert einige Erfahrung. Von den Hütten aus kann man die höheren Gipfel erkunden. Beachten Sie die üblichen Vorsichtsmaßnahmen und die Hinweise vor Ort *(siehe S. 52)*.

Karte B2 • Parkbüro: Franje Tuđmana 14a, Starigrad-Paklenica; 023 369 155 • Eintritt • www.paklenica.hr

Lilien im Botanischen Garten, Nationalpark Paklenica

Sport & Aktivurlaub **siehe S. 44f**

Heiligkreuzkirche Sv. Križ, Nin

5 Nin

Der kleine, unscheinbare Ort spielte in der frühen Geschichte Kroatiens als politisches und religiöses Herz des Königreiches eine wichtige Rolle. Das von Reisenden lange ignorierte Nin wird wegen der ruhigen Atmosphäre, der interessanten Kirchen *(siehe S. 38)*, der schönen Strände *(siehe S. 42)* und der artenreichen Landschaft immer beliebter. Es ist ein exzellentes Ziel für Halbtages- oder Tagesausflüge, bietet aber auch einige Pensionen. *Karte B3 • Information: Trg Braće Radić 3; 023 265 247; www.nin.hr*

6 Primošten

Auch wenn der bei Seglern beliebte Ort von Weitem besser aussieht als aus der Nähe: Primošten ist einen Tagesausflug wert. Die Hotels laden auch zu einem längeren Aufenthalt ein. Der nahe Club Aurora *(siehe S. 78)* ist beliebt. *Karte C4 • Information: Rudina Biskupa Josipa Arnerića 2; 022 571 111; www.tz-primosten.hr*

Weg zur Unabhängigkeit

Nord-Dalmatien wurde von den Griechen im 4. Jahrhundert v. Chr. kolonisiert. Danach kamen die Römer und im 9. Jahrhundert erfolgte die Gründung des ersten kroatischen Staats. 1202 eroberte Venedig Zadar und rang jahrhundertelang mit Österreich-Ungarn um die Kontrolle der Region. Das 20. Jahrhundert sah die Gründung Jugoslawiens, Mussolinis Eroberung und Titos 35-jährige Dominanz. 1991 wurde Nord-Dalmatien Teil des unabhängigen Kroatien.

7 Tribunj

Das Inselchen am Rande des Nationalparks Kornati ist über eine Brücke mit dem Festland verbunden und die Basis von Dalmatiens größter Fischfangflotte. Wenn der Fang angelandet wird, erlebt man ein unterhaltsames und buntes Treiben. Tribunj ist ein schöner Fleck für ein Mittagessen oder einen Nachmittagsbesuch. In ungefähr 20 Minuten kann man die ganze Insel umrunden. *Karte C4 • Information: Badnje bb; 022 446 143; www.tz-tribunj.hr*

Ein Fischer flickt sein Netz, Tribunj

8 Krapanj

Die kleinste bewohnte Insel in der Adria liegt gegenüber dem Festlanddorf Brodarica, das von der Küstenstraße aus leicht zu erreichen ist. Das historische Viertel hinter den schmucken Häusern am Ufer ist bislang von Besuchern weitgehend unbehelligt geblieben. Das Inselmuseum in einer alten Werkstatt (16. Jh.) widmet sich der Olivenölherstellung. Eine Ausstellung informiert über die lange Inseltradition der Schwammzucht. Von Brodarica aus setzen regelmäßig Boote zu der flachen Insel über. *Karte C4 • Information: Krapanjskih Spužvara 1, Brodarica; 022 350 612; www.tz-brodarica.hr*

Mehr zum Nationalpark Kornati **siehe S. 26f & S. 77**

Franziskanerkloster, Krapanj

9 Skradin

Skradin lag im Krieg Anfang der 1990er Jahre direkt an der Front. Damals wurden sowohl die katholische als auch die orthodoxe Kirche schwer beschädigt. Heute profitiert der Ort von seiner Rolle als Tor zum Nationalpark Krka *(siehe S. 20f)* und als vom Meer aus leicht erreichbares Segelziel. Das kompakte kleine Städtchen lässt sich in einer Stunde durchstreifen. Danach kann man sich mit einem Fischessen in einem der netten Restaurants belohnen, die sich auf die besuchenden Segler eingestellt haben. *Karte C4 • Information: Trg Male Gospe 3; 022 771 329; www.skradin.hr*

10 Novigrad

Trotz des gut ausgestatteten Zeltplatzes harrt Novigrad noch seiner touristischen Entdeckung. Der hübsche, an einem Hügel gelegene alte Stadtkern straft den Namen »Novigrad« (Neue Stadt) Lügen. Hier sieht man Männer Karten spielen und Frauen Wäsche aufhängen. Die beste Sicht auf Novigrad bietet die Ruine der mittelalterlichen Festung hoch über dem Ort auf dem Hügel. In der Saison starten in Novigrad Bootstouren zur nahen Zrmanja-Schlucht *(siehe S. 76)*. An den Ankerplätzen für Segelboote am Hafen Riva stehen Wasser und Strom zur Verfügung. *Karte B3 • Information: Trg Kralja Tomislava 1; 023 375 051; www.novigrad-dalmacija.hr*

Ein Tag in Nord-Dalmatien

Vormittag

Starten Sie früh und fahren Sie zu dem kleinen Ort **Skradin** nördlich von Šibenik, wo Sie in einem Café am Ufer frühstücken. Von hier können Sie mit einem Boot zum **Nationalpark Krka** fahren und dort den Tag verbringen. Oder Sie folgen der alten Landstraße parallel zur Schnellstraße in Richtung Zadar. Weinberge und neue Häuser künden langsam wieder von Normalität in einem Gebiet, das vor noch gar nicht langer Zeit vom Krieg schwer verwüstet wurde.

Von der Landstraße machen Sie entweder einen Abstecher zum **Vrana-See** *(siehe S. 76)* oder Sie fahren direkt zur **Altstadt von Zadar** zum Mittagessen. Im Restaurant **Foša** *(siehe S. 79)* gibt es eine schöne Terrasse am Wasser und Parkplätze.

Nachmittag

Nach dem Mittagessen fahren Sie auf der Schnellstraße von Zadar weiter nach Norden. Biegen Sie vor der Maslenica-Brücke ab und folgen Sie der Novigradsko Richtung Osten zum Städtchen **Novigrad**, wo Sie den Hügel zur Festung erklimmen und die Aussicht über Nord-Dalmatien genießen. Bummeln Sie dann zurück zu den Cafés am Ufer und legen Sie eine Pause ein, um den Fischern bei der Arbeit zuzusehen. Ist die Zeit knapp, fahren Sie direkt nach **Šibenik** zurück. Andernfalls besichtigen Sie in **Otavice** *(siehe S. 76)* das unbedingt sehenswerte Familienmausoleum des Bildhauers Ivan Meštrović.

Links **Otavice** Rechts **Festung Sv. Spas, Knin**

TOP 10 Dies & Das

1 Otavice
Das Familienmausoleum von Ivan Meštrović steht über dem Dorf seiner Eltern. Den achteckigen Raum in dem Steinkubus zieren schlanke religiöse Skulpturen. *Karte D4 • Sommer: Di–So 8–12 Uhr, 17–20 Uhr; Winter: Di–So 10–14 Uhr • Eintritt*

2 Festung Sv. Spas, Knin
Der imposante Rest einer Festung aus dem 10. Jahrhundert, eine wichtige Verteidigungsanlage gegen das Osmanische Reich, thront hoch über Knin. *Karte D3 • 022 664 822 • Mitte März–Okt: tägl. 7–19 Uhr; Nov–Mitte März: tägl. 7–15 Uhr • Eintritt*

3 Rogoznica
Das alte Fischerdorf an der Küstenstraße zwischen Šibenik und Trogir ist bei Seglern und anderen Urlaubern beliebt. *Karte C5 • Information: Kneza Domagoja bb; 022 559 253; www.tz-rogoznica.hr*

4 Starigrad Paklenica
Das Tor zum Nationalpark Paklenica *(siehe S. 73)* liegt zwischen der Adria und dem Velebit-Gebirge. *Karte B2 • Information: Trg Tome Marasovića 1; 023 369 255; www.rivijera-paklenica.hr*

5 Zrmanja-Schlucht
Von Novigrad führen in der Urlaubssaison regelmäßige Touren zur spektakulären Zrmanja-Schlucht. Reisebüros vor Ort veranstalten Kanusafaris durch die Schlucht. *Karte C3*

6 Festung Sv. Nikola, Šibenik
Die Festung aus dem 16. Jahrhundert bewacht den Eingang zum Kanal, der von der Adria nach Šibenik führt. Im Sommer werden hier Konzerte aufgeführt. *Karte C4*

7 Festung Sv. Ivan, Šibenik
Die sternförmige Festung, einst ein Bollwerk gegen die Osmanen, überstand 1647 eine dreiwöchige Belagerung. Die Anlage thront 115 Meter über dem Meeresspiegel. *Karte C4*

8 Kloster Krupa
Kroatiens größtes serbisch-orthodoxes Kloster wurde im 17. Jahrhundert von bosnischen Mönchen, die vor den Osmanen flohen, gegründet. *Karte C3*

9 Biograd na Moru
Die frühkroatische Siedlung Biograd na Moru ist ein ruhiger Erholungsort mit schönem Hafenviertel und weitläufiger Marina – im Sommer gut geeignet für Wassersport und Ausflüge zu den Kornaten. *Karte B3 • Information: Trg Hrvatskih Velikana 2; 023 383 123; www.tzg-biograd.hr*

10 Vrana-See
Direkt bei Biograd na Moru liegt der 13 Kilometer lange, größte See Kroatiens. Er ist mit der Adria über ein System unterirdischer Kanäle verbunden und Heimat zahlreicher Vogelarten. *Karte B4*

Šibeniks Fremdenverkehrsbüro (Obala Dr. Franje Tuđmana 5, 022 214 448) informiert über Besichtigungen der Festung Sv. Nikola.

Links **Pag** Mitte **Pašman** Rechts **Ugljan**

TOP 10 Inseln

1 Kornaten
Die wunderschöne Kette unberührter Inseln ist ein Paradies für Segler und Tagesausflügler. Auf den kargen Inseln kann man dem grauen Alltag wie Robinson Crusoe entfliehen *(siehe S. 26f)*.

2 Murter
Die Insel ist das Tor zum Nationalpark Kornati und über eine Brücke mit dem Festland verbunden. Im Hauptort kann man sich gut mit Vorräten eindecken *(siehe S. 26)*. *Karte B4*

3 Pag
Die Insel Pag ist berühmt für den gleichnamigen Schafskäse und das exzellente Lammfleisch, aber auch berüchtigt für Trockenheit. Die Mondlandschaft ist im Mittelmeer einzigartig. Pag-Stadt bietet eine interessante Altstadt *(siehe S. 37)*. *Karte A2*

4 Dugi Otok
Entgegen den Aussagen mancher Reisebüros liegt Dugi Otok zwar nicht im Nationalpark Kornati, ist aber trotzdem so hübsch, dass man dort gut einen Tag verbringen oder einen Nachmittag lang mit dem Boot ankern kann. *Karte A3*

5 Pašman
Auf der Insel, die durch eine Brücke mit Ugljan verbunden ist, liegen einige Fischerdörfer und ein Benediktinerkloster. Eine Fähre verbindet Pašman mit Biograd na Moru. *Karte B3*

6 Ugljan
Die am dichtesten besiedelte Adria-Insel ist bei Einwohnern aus Zadar *(siehe S. 30f)* beliebt, hat sich aber eine gewisse Unberührtheit bewahrt und produziert eines der feinsten Olivenöle des Landes. *Karte A3 • Information: 023 288 011; www.ugljan.hr*

7 Silba
Das mit Bäumen bewachsene Silba lag einst an einer wichtigen Handelsroute und wirkt im Gegensatz zu vielen kahlen Inseln Nord-Dalmatiens lebendig. *Karte A2 • Information: 023 370 010; www.tzsilba.hr*

8 Zlarin
Besucher können nach der malerischen Überfahrt mit der Fähre von Šibenik im ruhigen Dorf Zlarin bummeln und Korallensouvenirs kaufen, bevor es wieder zurück zum Festland geht. *Karte C4*

9 Prvić
Die Nachbarinsel von Zlarin bietet einige schöne Dörfer, eine alte Kirche mit barockem Altar und einen angenehmen Strand. *Karte C4*

10 Iž
Die Insel ist der beliebteste Rückzugsort der Einwohner von Zadar, das man direkt mit der Fähre erreicht. Man kann hier nicht viel unternehmen, nur durch Olivenhaine schlendern und im Meer baden. *Karte A3*

Informationen über Zlarin, Iž & Prvić erhalten Sie im Fremdenverkehrsbüro in Šibenik, über Pašman in Biograd na Moru.

Links **Aurora, Primošten** Rechts **Aquarius Club, Pag**

Top 10 Cafés, Bars & Clubs

1 Azimut, Šibenik
An der Meerespromenade der schönen Altstadt bietet der angesagteste Club weit und breit Musik von DJs und Live-Künstlern. *Obala Palih Omladinaca 2 • Karte C4*

2 No.4 Club, Šibenik
Die zentral gelegene Bar ist auf großartige, oft starke Cocktails spezialisiert. Hier kann man außerdem essen und auf der Terrasse sitzen. *Trg Dinka Zavorovića 4 • Karte C4*

3 Aquarius Club, Novalja, Pag
Jeden Sommer zieht Aquarius, der größte Club in Zagreb, nach Zrće, dem führenden Partystrand Kroatiens. Musik, Tanz und Party finden hier unten freiem Himmel statt, dazu gibt es Live-Musik und Musikfestivals. *Karte A2*

4 Papaya, Novalja, Pag
Am Strand von Zrće feiert auch der Club Papaya den ganzen Sommer lang. Internationale Gast-DJs wie David Morales und Tiesto haben hier bereits aufgelegt. Dazu gibt es Musikfestivals. *Karte A2*

5 Caffè Bar Forum, Zadar
Genießen Sie in diesem freundlichen Café die prächtige Aussicht auf römische Ruinen und spektakuläre Kirchengebäude. Die Tische im Freien stehen im Sommer bis auf das römische Forum. *Široka 3 • Karte B3*

6 Arsenal, Zadar
Dieser Komplex im alten Arsenal von Zadar bietet Lounge-Bars, Restaurant und Ausstellungen, aber auch Live-Konzerte mit Jazz, Soul und World Music. *Trg Tri Bunara 1 • Karte B3*

7 The Garden Tisno, Murter
Auf der Insel Murter, einen kurzen Spaziergang von der Stadt Tisno entfernt, sorgen eine Bar und zwei Open-Air-Bühnen für Spaß und Unterhaltung. *Tisno • Karte C4*

8 The Garden, Zadar
Dieser Club gehört James Brown, dem Schlagzeuger der britischen Band UB40, und dem ehemaligen irischen Fußball-torwart Nick Colgan. *Bedemi Zadarskih Pobuna bb • Karte B3*

9 Aurora, Primošten
Drei Tanzflächen, einen Chill-out-Raum, Restaurants und sogar einen Swimmingpool bietet dieser riesige Club-Komplex auf einer grünen Wiese. Bekannte DJs wie Roger Sanchez und David Morales haben hier bereits die Gäste beschallt. *Kamenar bb • Karte C4*

10 Barbarella's Discotheque, Pirovac
In der angesagten Freiluftdisco am Meer legen DJs auf, die zu den besten der Welt zählen. Die Clubnächte ziehen ebenfalls Gäste in Scharen an. *Magistrala bb • Karte C4*

In Kroatien ist das Rauchen in Cafés, Bars, Restaurants & Clubs verboten.

Foša, Zadar

Preiskategorien		
Preis für ein Drei-Gänge-Menü pro Person mit einer halben Flasche Wein, inkl. Steuern und Service.	**K**	unter 100 K
	KK	100–150 K
	KKK	150–200 K
	KKKK	200–250 K
	KKKKK	über 250 K

Top 10 Restaurants

1 Konoba Branimir, Nin

Das gemütliche rustikale Lokal bietet einfache dalmatinische Küche und eine kleine Terrasse mit Blick auf die älteste Kirche in Kroatien. *Višeslavov Trg 2 • Karte B3 • 023 264 866 • KK*

2 Restaurant Perin Dvor, Nin

Das freundliche Restaurant an der Donji Most (»Untere Brücke«) von Nin serviert frischen Fisch und einfache dalmatinische Grillgerichte auf einer schönen Gartenterrasse. *Hrvatskog Sabora 1 • Karte B3 • 023 264 307 • KKK*

3 Boškinac, Novalja, Pag

Das Boškinac ist zweifellos Pags führendes Restaurant. Hier serviert man exzellente mediterrane Küche und Weine aus Eigenanbau. *Hotel Boškinac, Novaljsko Polje bb • Karte A2 • 053 663 500 • Jan–Feb geschl. • KKKKK*

4 Zlatna Ribica, Brodarica

An den Freitag- und Samstagabenden erfüllt Live-Pianomusik dieses exklusive Fischrestaurant *(siehe S. 48)*, an das auch eine Pension angeschlossen ist. *Krapanjskih Spužvara 46 • Karte C4 • 022 350 300 • KKK*

5 Foša, Zadar

Frischer Fisch und die exzellente Lage bei Zadars Landtor garantieren, dass das beliebte Restaurant Foša in Zadar stets voll ist *(siehe S. 48)*. *Kralja Dmitra Zvonimira 2 • Karte B3 • 023 314 421 • KKKK*

6 Kornat, Zadar

Das elegante Lokal serviert kreative Fleisch- und Fischgerichte sowie gute Weine. *Liburnska Obala 6 • Karte B3 • 023 254 501 • So geschl. • KKK*

7 Pelegrini, Šibenik

Das Pelegrini befindet sich in einem mittelalterlichen Gebäude mit hübschem Innenhof. Hier werden innovative Gerichte aus einheimischen Zutaten serviert. *Jurja Dalmatinca 1 • Karte C4 • 022 213 701 • Nov–März: Mo–Mi geschl. • KKKKK*

8 Zlatne Školjke, Skradin

Das Restaurant liegt perfekt, wenn Sie vom Krka-Nationalpark *(siehe S. 20f)* zurückkommen. Versuchen Sie die besten Muscheln der Region oder das Steak mit Trüffel. *Grgura Ninskog 9 • Karte C4 • 022 771 022 • KKKK*

9 Hotel Restaurant Biser, Pag-Stadt, Pag

Das preisgekrönte Lokal kredenzt Delikatessen wie Pager Lamm vom Spieß, salzige *Paški sir* und *pršut (siehe S. 49)*. In der Hochsaison ist eine Reservierung erforderlich. *Antuna Gustava Matoša 46 • Karte A2 • 023 611 333 • KKKKK*

10 Restoran Dalmacija, Primošten

Das Altstadtlokal serviert neue dalmatinische Küche, wie Oktopus mit Ananas und Thunfisch-Carpaccio, und schlichte Grillgerichte. *Put Murve 15 • Karte C4 • 022 570 009 • Dez–Feb geschl. • KKK*

Weitere Restaurants **siehe S. 48f, S. 68f, S. 87 & S. 97**

Links **Fischmarkt in Trogirs Altstadt in einer Loggia aus dem 16. Jahrhundert** Rechts **Gradac**

Zentral-Dalmatien

ZENTRAL-DALMATIEN BIETET EINFACH ALLES: *vitale mediterrane Städte, historische Orte und traumhafte Inseln. Nach Zagreb ist Split die größte Stadt Kroatiens. Der wichtigste Fährhafen des Landes ist ein exzellenter Ausgangsort für Ausflüge zur Lavendelinsel Hvar, nach Brač, dessen berühmter Marmor sogar im Weißen Haus verbaut wurde, oder nach Vis, der Lieblingsinsel vieler Kroaten. Die verschiedenen Zivilisationen, die in der Region lebten, haben vielfältige Spuren hinterlassen, beispielsweise den römischen Diokletianpalast in Split und die Ruinenstadt Salona. Die Venezianer drückten u. a. Trogir, Hvar und Vis ihren Stempel auf. Die zahlreichen Flüge nach Split und die neue Autobahn, die die Stadt mit Zagreb und dem europäischen Autobahnnetz verbindet, bewirken, dass diese malerische Ecke Kroatiens derzeit einen unglaublichen Aufschwung erlebt.*

Hauptsaal, Diokletianpalast

TOP 10 Attraktionen

1. Altstadt von Trogir
2. Diokletianpalast, Split
3. Kaštela
4. Salona
5. Makarska Riviera
6. Gradac
7. Klis
8. Brela
9. Omiš
10. Živogošće & Zaostrog

Mehr zu den schönsten Altstädten Dalmatiens **siehe S. 36f**

1 Altstadt von Trogir

Dieses wunderbar erhaltene städtebauliche Juwel bietet zahlreiche Kirchen, Paläste und Prachtbauten sowie Tag und Nacht Entspannung und Unterhaltung im quirligen Hafenviertel Riva mit Straßencafés und Restaurants im Freien *(siehe S. 18f)*.

Kaštel Lukšić

2 Diokletianpalast, Split

Nehmen Sie sich Zeit, um eines der stimmungsvollsten Stadtzentren Europas zu erkunden. Das Labyrinth des Palastkomplexes ist so interessant, dass Tagesausflügler nicht selten ihre letzte Fähre verpassen oder sich spontan entschließen, den Aufenthalt um einen Tag zu verlängern. Der Palast entspricht keinesfalls einem antiken Monument, sondern ist voller Leben. Hier hängt die Wäsche vor den Fenstern der Wohnungen in den Palastmauern, locken Restaurants in prächtigen Höfen und hippe Bars, in denen die Reichen und Schönen »sehen und gesehen werden« – schließlich sind die Mädchen aus Split für ihre Schönheit bekannt und Modelagenturen senden regelmäßig Scouts hierher *(siehe S. 22f)*.

3 Kaštela

Zwischen Split und Trogir stehen Häuser und Industriebetriebe ungeordnet entlang der Hauptstraße, doch an der Küste warten die versteckten Juwele von Kaštela auf ihre Entdeckung. Die namengebenden Kastelle wurden im 15. Jahrhundert zur Küstenverteidigung und als Rückzugsort für die Reichen gebaut. Heute können sie bei einer Küstenwanderung erkundet werden. Besonders sehenswert sind Kaštel Stari (das älteste) mit einem netten Strand, das hübsche Kaštel Gomilica, Kaštel Kambelovac (mit Fischlokal) und Kaštel Lukšić, heute eine Galerie mit Café. *Karte D5 • Information: Brce 1, Dvorac Vitturi, Kaštel Lukšić; 021 228 355 • www.kastela-info.hr*

4 Salona

Der Name Salona leitet sich von der lateinischen Bezeichnung für Salz ab. Die Stadt gilt als Geburtsort des römischen Kaisers Diokletian *(siehe S. 25)*. Auch wenn hier heute nur noch Ruinen stehen, erlaubt die Stätte doch einen Einblick in den antiken römischen Alltag. Blenden Sie einfach das scheußliche Industriegebiet in der Umgebung aus und konzentrieren Sie sich auf die schönen Seiten: die Berge auf der einen und das Adriatische Meer auf der anderen Seite. Beginnen Sie am besten beim Tusculum mit dem Rundgang zum Amphitheater, zu den Thermen, zum alten Forum, zum Theater und zu der Nekropole Manastirine. *Karte D5*

Nekropole von Manastirine, Salona

Im zweiten Stock des Diokletianpalastes kann man den Besucherscharen im Sommer entgehen.

Franziskanerkloster, Makarska Riviera

5 Makarska Riviera

Der Küstenstreifen südlich von Split ist ein Mekka für Bosnier und Bürger des ehemaligen Ostblocks: äußerst beliebt und nicht jedermanns Geschmack – außer man findet ein ruhiges Plätzchen am Strand unter schattigen Kiefern mit schönem Blick auf die Inseln Brač und Hvar. Der Urlaubsort Makarska bietet interessante historische Bauten sowie Bars, Cafés und Restaurants. *Karte F5 • Information: Obala Kralja Tomislava 16; 021 612 002; www.makarska-info.hr*

6 Gradac

Gradac ist bestens für seinen sechs Kilometer langen Strand bekannt – der längste an der kroatischen Küste. Dessen Lage mit den Biokovo-Bergen im Norden und den zentraldalmatinischen Inseln im Süden ist einfach spektakulär. Hier gibt es zudem genügend Schatten, um schlimme Sonnenbrände zu vermeiden, sowie einige Zeltplätze und Hotels für die, die etwas länger bleiben möchten *(siehe S. 43)*. *Karte J1 • Information: Stjepana Radića 1; 021 697 375; www.gradac.hr*

Sprache und Nationalität

Unter den Franzosen (1806–13) war Kroatisch die »offizielle« Sprache in Dalmatien, mit den Österreichern wurde ab 1813 Italienisch wieder die Sprache des täglichen Lebens – ein Ansporn für das Wachsen des kroatischen Nationalismus. 1865 wurde in Makarska als einer der ersten Gemeinden Kroatisch wieder als offizielle Sprache eingeführt.

7 Klis

Die trutzige Festung in den Bergen oberhalb von Split steht in einer herrlichen Umgebung und bietet eine beeindruckende Aussicht auf Stadt, Berge, Meer und Inseln. Hier hielten als Erstes die Römer Wacht, später entstand ein Bollwerk gegen die Osmanen, die dieses aber im Jahr 1537 nach einer harten Belagerung einnahmen und zum Entsetzen der Spličani über ein Jahrhundert hielten. Heutzutage ist Klis berechtigterweise für drei Restaurants berühmt, die auf Lamm am Spieß spezialisiert sind. *Karte D5 • Information: Megdan 57; 021 240 578 • www.tzo-klis.htnet.hr*

Festung Klis

8 Brela

Brela liegt südlich von Split. Dies ist der nächste Ort an der Makarska Riviera und einer der nettesten Plätze, um ein, zwei Tage am Meer zu entspannen. Brela ist ein angenehmes Städtchen mit alten Steinhäusern sowie einigen modernen Hotels und Restaurants. Hauptattraktion ist hier jedoch zweifellos der von zahlreichen Bäumen beschattete, grobe bis feine Kiesstrand, der sich nördlich von Brela ausdehnt. *Karte E5 • Information: Trg A. Stepinca bb; 021 618 455; www.brela.hr*

Bez broja (»bb«) in kroatischen Adressen heißt »ohne Nummer«.

9 Omiš

Omiš liegt an der Mündung der Cetina, die sich aus einer Felsschlucht in die Adria ergießt. Der Ort ist ein guter Ausgangspunkt für Raftingtouren *(siehe S. 44)* sowie für Ausflüge in die Schlucht und zu den Fischlokalen. Omiš war einst ein berüchtigtes Piratenversteck, heute ist es jedoch ein moderner Ort mit einer kleinen Altstadt. Reizvoll sind außerdem einige stimmungsvolle alte Festungen in den Hügeln der Umgebung. *Karte E5 • Information: Trg Kneza Miroslava bb; 021 861 350; www.tz-omis.hr*

10 Živogošće & Zaostrog

Der kleine Ort Živogošće am Südende der Makarska Riviera ist die älteste Siedlung an diesem Küstenabschnitt. Hier steht ein Franziskanerkloster (17. Jh.) mit einem eindrucksvollen Barockaltar und einer berühmten Bibliothek, deren Bestände Licht auf das Leben in der osmanischen Zeit der Region werfen. Weiter südlich liegt der schöne Ort Zaostrog mit einem älteren Franziskanerkloster (14. Jh.), einer kleinen Kunstgalerie und einem Volkskundemuseum. *Karte H1 • Information: Živogošće bb; 021 605 069; www.zivogosce.hr*

Franziskanerkloster, Zaostrog

Insel-Hopping

Vormittag

In der Hochsaison operieren neben den großen Jadrolinija-Fähren *(siehe S. 103)* auch Tragflächenboote zwischen den Inseln Zentral-Dalmatiens und ermöglichen, dass man einen ganzen Tag lang von Insel zu Insel fahren kann.

Beginnen Sie den Tag mit einem leichten Frühstück in einem der kleinen Cafés beim Fährterminal in **Split** *(siehe S. 22–25)*. Setzen Sie dann mit der ersten Jadrolinija-Fähre nach **Vis** *(siehe S. 84)* über. Nach einem Bummel im Hafenviertel von Vis essen Sie im venezianischen Viertel **Kut** *(siehe S. 37)* in einem der exzellenten Lokale *(siehe S. 87)*. Zurück im Fährhafen nehmen Sie eine schnelle Fähre nach **Hvar-Stadt** *(siehe S. 36f)*. Gestärkt können Sie nun den flotten Marsch zur Festung in Angriff nehmen.

Nachmittag

Es ist nun Zeit für die letzte Insel des Tages. Fahren Sie mit dem Tragflächenboot nach Bol auf **Brač** *(siehe S. 84)* mit dem berühmtesten Strand Kroatiens, **Zlatni Rat** *(siehe S. 42)*. Sie können hier übernachten oder nach Split zurückfahren – entweder von Bol oder von Supetar auf der anderen Seite der Insel aus, wo bis spätnachts Jadrolinija-Fähren verkehren.

Hinweis: Die Abfahrtspläne ändern sich so oft wie die unvorhersagbaren Adriawinde, planen Sie daher den Ausflug gründlich. Überprüfen Sie die Fahrpläne im Fährterminal in Split oder an den Kiosken am Südende der Riva.

Bei Überfahrten mit der Fähre sollten Sie immer sorgfältig auf Sonnenschutz achten, wenn Sie sich im Freien aufhalten.

Links **Hvar** Mitte **Vis** Rechts **Brač**

Top 10 Inseln

1 Biševo
Die berühmte Blaue Grotte der Insel bei Vis bezaubert mit ihrem Licht- und Wasserspiel. Boote fahren von Komiža aus. *Karte C6 • Information: Riva Sv Mikule 2, Komiža • 021 713 455*

2 Hvar
Hvar, eine der sonnigsten Adria-Inseln, duftet nach Lavendel und anderen Wildkräutern. Der schönste Ort der Insel ist Hvar-Stadt *(siehe S. 36f)*. *Karte D6 • Information: Trg Svetog Stjepana bb • 021 741 059 • www.tzhvar.hr*

3 Vis
Die wilde, unberührt wirkende Insel, früher eine Militärbasis, ist nicht nur bei Kroaten beliebt. Vis-Stadt erreicht man von Komiža aus über den Hügel. *Karte D6 • Information: Šetalište Stare Isse 5, Vis-Stadt • 021 717 017 • www.tz-vis.hr*

4 Brač
Der Marmor der gebirgigen Insel bei Split wurde u. a. für den Diokletianpalast, das Ungarische Parlament und das Weiße Haus in Washington verwendet. Brač besitzt mit Zlatni Rat *(siehe S. 42)* den bekanntesten Strand Kroatiens. *Karte E5 • Information: Porat Bolskih Pomoraca bb, Bol • 021 635 638 • www.bol.hr*

5 Šolta
Die Split am nächsten gelegene Insel wird oft übersehen, ist aber einen Besuch wert. *Karte D5 • www.visitsolta.com*

6 Pakleni Otoci
Nomen ist nicht Omen: Die »Hölleninseln« sind einfache, ländliche Inselchen, auf denen man dem Trubel und der historischen Schwere von Hvar-Stadt entkommen und den Tag mit Sonnenbaden und Schwimmen verbringen kann *(siehe S. 42)*.

7 Drvenik Mali
»Klein-Drvenik« hat eine schöne, wenig erschlossene Bucht, in der man der Sommerhitze von Trogir entkommen und entspannen kann. *Karte C5*

8 Drvenik Veli
Auf »Groß-Drvenik« gibt es einen liebenswürdigen gleichnamigen Ort, der von Yachten angefahren wird, einige Pensionen, Fischlokale sowie gute Plätze zum Schwimmen. *Karte D5*

9 Čiovo
Die Insel ist über eine Brücke mit Trogir *(siehe S. 18f)* verbunden. Schon allein die fantastische Aussicht von Čiovo auf die Altstadt von Trogir lohnt einen Ausflug dorthin. Auf der Insel gibt es eine Marina sowie einige Cafés und Lokale. *Karte D5*

10 Šćedro
Die dünn besiedelte Insel nahe Hvar wartet mit einigen attraktiven Stränden, der Ruine einer römischen Villa in der Rake-Bucht und den Resten eines Dominikanerklosters in der Mostir-Bucht auf. *Karte G1*

Fähren verbinden Split & Šolta sowie Trogir & Drvenik Mali bzw. Veli, Wassertaxis verbinden Hvar-Stadt mit den Paklenis & Šćedro.

Cetina-Schlucht

TOP 10 Abstecher ins Inland

1 Sinj
In der historischen Bergstadt mit den interessanten Kirchen finden am ersten Augustsonntag die Ritterspiele Sinjska Alka statt, die einige Ähnlichkeiten mit Sienas berühmtem Palio aufweisen. *Karte E4 • Information: Put Petrovca 12; 021 826 352 • www.visitsinj.com*

2 Plitwicer Seen
Die Plitwicer Seen zählen zum Welterbe der UNESCO und liegen in einem gut geführten Nationalpark, einer wahren Oase mit Seen, Wasserfällen und Kalksteinbecken. *Karte B1 • 053 751 015 • tägl. 7–20 Uhr • Eintritt • www.np-plitvicka-jezera.hr*

3 Cetina-Schlucht
Die wunderschöne Schlucht im Herzen Zentral-Dalmatiens trifft bei Omiš auf die Adria. Sie wird bei Raftern immer beliebter, die oft bei Penšići starten. Feinschmecker lieben die Fischlokale. *Karte E4*

4 Gubavica-Wasserfälle
Nördlich von Omiš beim Dorf Zadvarje stürzt die Cetina knappe 50 Meter durch die Karstlandschaft in die Tiefe. *Karte E5*

5 Zadvarje
Das Dorf ist ein guter Ausgangspunkt für Ausflüge in der Cetina-Schlucht. Von den hiesigen Klippen sehen die Wasserfälle vor allem nach starken Regengüssen sehr imposant aus. *Karte E5*

6 Mosor
Die Gebirgskette zwischen Klis und Omiš rahmt die Cetina und eine Reihe kleiner Dörfer reizvoll ein. Erkunden Sie sie mit dem Auto oder schließen Sie sich den kroatischen Kletterern an, die den kahlen Gipfel in Angriff nehmen. *Karte E5*

7 Crveno Jezero (Roter See)
Der 300 Meter breite See bei Imotski liegt versteckt in einem Felstrichter und ist aus der Ferne nicht zu sehen. Eingespülte Erde aus der Umgebung sorgt für die Ockerfärbung des Wassers. *Karte F5*

8 Modro Jezero (Blauer See)
Zum blauen Bruder des Roten Sees gelangt man zu Fuß über einen Abhang. Im Sommer liegen an diesem etwas unheimlich wirkenden Ort bei Niedrigwasser bizarre Felsformationen frei. *Karte F5*

9 Mostar
Wahrzeichen der bosnischen Stadt ist die berühmte Brücke über die Neretva, die die beiden Stadthälften verbindet *(siehe S. 67)*. *außerhalb der Karte • Information: 387 (0)36 580 275*

10 Livno
Das südbosnische Livno an der kroatischen Grenze ist bekannt für exzellenten, preiswerten Käse. Der ist allerdings nicht pasteurisiert und nicht lange haltbar. *Karte E4 • www.bhtourism.ba*

Reisende aus Ländern der Europäischen Union benötigen für die Einreise nach Bosnien oder Montenegro kein Visum.

Bačvice, Split

TOP 10 Cafés, Bars & Clubs

1 Vidilica, Split
Das Café am Marjan-Hügel bietet einen überwältigenden Blick auf Stadt und Hafen. Am besten wandern Sie an einem sonnigen Tag hinauf und genießen bei einem kalten Drink die Aussicht. *Nazorov Prilaz 1 • Karte P5*

2 Puls 2, Split
Die ganzjährig beliebte Bar liegt im Herzen des Diokletianpalastes. Im Sommer stehen draußen niedrige Tische und Stühle, aus dem Dunkel der Bar dröhnt laute Musik. *Buvinina 1 • Karte P2*

3 Bačvice, Split
Südlich des Zentrums von Split liegt an der gleichnamigen Bucht der sehr beliebte, moderne Nightlife-Komplex mit einer Vielzahl an Bars, Cafés, Restaurants und Nachtclubs. In warmen Sommernächten ist hier einiges los. *Karte Q6*

4 Ghetto Club, Split
In diesen Zufluchtsort der einheimischen Nachtschwärmer verirren sich nur wenige Reisende, da er sich in der oft übersehenen oberen Ebene des Diokletianpalastes befindet. *Dosud 10 • Karte P2*

5 Hula Hula, Hvar-Stadt
Diese nette Strandbar bietet wunderbare Cocktails und tolle Musik, die man gerne bei Sonnenuntergang genießt. 15 Minuten Fußweg von der Stadt Hvar entfernt. *Karte D6*

6 Smokvica, Trogir
Die Café-Bar im Schatten der Kathedrale öffnet schon um 7 Uhr für den ersten Espresso. Mit langer Cocktailkarte und Live-Musik unterhält sie bis in die frühen Morgenstunden. *Radovanov Trg 9 • Karte D5*

7 Carpe Diem Beach, Pakleni Otoci
Von Hvar aus fahren Boote in fünf Minuten zu diesem Luxusrestaurant, das sich nachts in einen Partyclub mit erstklassigen DJs verwandelt. *Stipanska Uvala • Karte F5*

8 Veneranda, Hvar-Stadt
Der Sommertreffpunkt oberhalb von Riva ist ein Kulturzentrum mit einer barocken Kapelle für Partys, Ballett und Konzerte mit Klassik, Jazz und alternativer Musik. *Karte D6*

9 Carpe Diem, Hvar-Stadt
Hvar ist auf diese ultracoole Cocktailbar im St.-Tropez-Stil besonders stolz. Tagsüber erklingt Lounge-Musik aus den Lautsprechern, nachts legen bekannte DJs House auf. *Riva bb • Karte D6*

10 Varadero, Bol, Brač
Diese sehr beliebte Sommerbar befindet sich im Zentrum von Bol auf der Insel Brač. Unter Strohschirmen blickt man auf den Hafen, genießt feine Cocktails oder tanzt zur Musik der Live-DJs. *Frane Radića 1 • Karte E5*

In Kroatien ist das Rauchen in Cafés, Bars, Restaurants & Clubs verboten.

Preiskategorien

Preis für ein Drei-Gänge-Menü pro Person mit einer halben Flasche Wein, inkl. Steuern und Service.	**K**	unter 100 K
	KK	100–150 K
	KKK	150–200 K
	KKKK	200–250 K
	KKKKK	über 250 K

Noštromo, Split

TOP 10 Restaurants

1 Stellon, Split

Der hippe Liebling der 20- bis 30-Jährigen in Bačvice bietet Pasta und Risotto, Fisch- und Fleischgerichte, verführerische Drinks sowie einen wunderbaren Meerblick. *Bačvice bb • Karte Q6 • 021 489 200 • KK*

2 Noštromo, Split

In diesem gepflegten Fischlokal direkt am Fischmarkt kann man von oben beobachten, wie der frische Fisch nach Wunsch gegrillt wird *(siehe S. 48)*. *Kraj Sv Marije 10 • Karte N2 • 091 405 6666 • KKKK*

3 Šperun, Split

In diesem recht kleinen Lokal zwischen dem Meer und dem Ort Varoš serviert man lokale Spezialitäten zwischen Antiquitäten und moderner Kunst. *Šperun 3 • Karte D5 • 021 346 999 • KKK*

4 Restoran Fontana, Trogir

Das großartige Restaurant des besten Hotels in der Altstadt (mit Terrasse) bietet auch das Flair der Riva. Im Gegensatz zu vielen anderen Lokalen der Stadt ist es ganzjährig geöffnet. *Obrov 1 • Karte D5 • 021 884 811 • KKK*

5 Stari Mlin, Makarska

Hier erwarten den Gast dalmatinische Fischgerichte und thailändische Spezialitäten. Das Stari Mlin liegt in einer alten Mühle. *Prvosvibanjska 43 • Karte F5 • 021 611 509 • Nov–März geschl. • KKKK*

6 Macondo, Hvar-Stadt

Das erstklassige Fischlokal in Hvars Altstadt ist kein Geheimtipp mehr – reservieren Sie also einen Tisch. Die Preise sind hoch, im Sommer kann man im Freien sitzen. *Groda bb • Karte D6 • 021 742 850 • Nov–Apr geschl. • KKKK*

7 Zlatna Školjka, Hvar-Stadt

Die Gerichte dieses Slow-Food-Restaurants wechseln täglich. Im Zlatna Školjka (Goldene Muschel) sitzt man in einem hübschen alten Hof (14. Jh.). *Petra Hektorovića 8 • Karte D6 • 098 168 8797 • Nov–März geschl. • KKKKK*

8 Vila Kaliopa, Vis-Stadt

Ein Hochgenuss wartet auf die Besucher dieses einfach göttlichen Restaurants in Kut: Edelste Meeresfrüchte werden in einem Skulpturengarten serviert *(siehe S. 48)*. *Nazora 32 • Karte D6 • 021 711 755 • Okt–Apr geschl. • KKKKK*

9 Restoran Pojoda, Vis-Stadt

In dem exklusiven Restaurant mit schönem Hof wird der Fisch nach Gewicht bezahlt. Zum großartigen Essen passen die Weinkarte und der Service. *Don Cvjetka Marasovića 8 • Karte D6 • 021 711 575 • KKKK*

10 Taverna Riva, Bol, Brač

Das nette Uferlokal nahe dem Fährsteg zwischen der Altstadt und dem Strand Zlatni Rat serviert dalmatinische Spezialitäten. *Frane Radića 5 (Riva) • Karte E5 • 021 635 236 • Nov/Dez geschl. • KK*

Weitere Restaurants **siehe S. 48f, S. 68f, S. 79 & S. 97**

Links **Weinberge von Pelješac** Rechts **Konavle**

Süd-Dalmatien

OBWOHL DUBROVNIK SO BERÜHMT *und beliebt ist, ist Süd-Dalmatien noch relativ unerschlossen – und vielleicht auch deshalb besonders interessant. Die Region bezaubert mit vielfältigen, großartigen Landschaften: Auf dem schmalen Landstreifen liegen unberührte Strände, steile Klippen, fruchtbares Ackerland, dichte Wälder, sanfte Hügel und imposante Gebirge dicht beieinander. Aus der nahen Adria kommen erstklassige Meeresfrüchte, die selbst in der bescheidensten* konoba *(Taverne) zusammen mit gutem Wein von der Halbinsel Pelješac genossen werden können. Wer in Süd-Dalmatien schon alles erkundet hat, kann immer einen Abstecher in das benachbarte Bosnien & Herzegowina oder nach Montenegro unternehmen.*

TOP 10 Attraktionen

1. Neretva-Delta
2. Orebić
3. Korčula-Stadt
4. Weinberge von Pelješac
5. Ston
6. Mali Ston
7. Trsteno Arboretum
8. Nationalpark Mljet
9. Cavtat
10. Konavle

Kiesstrand, Orebić

Vorhergehende Doppelseite **Blick durch romanische Kreuzgangkolonnaden auf den Turm des Franziskanerklosters, Dubrovnik**

1 Neretva-Delta

Auf ihrem Weg zum Meer fächert sich die Neretva auf und bildet mit ihrem Delta ein rund 200 Quadratkilometer großes Feuchtgebiet, das zum Teil mit Booten oder mit dem Auto erkundet werden kann. Das Delta ist für Kroatiens Landwirtschaft sehr wichtig und ein Schutzgebiet für zahllose Vogelarten, die hier auf ihrem Weg nach Afrika Rast machen. Es ist auch ein Anglerparadies mit vielen Fischen, darunter Aale und eine endemische Forellenart. Das Reisebüro Atlas organisiert Touren ab Dubrovnik.

Karte J1 • Reisebüro Atlas: 0800 442 222; www.atlas-croatia.com

2 Orebić

Der kleine Ort am Ufer der Halbinsel Pelješac lockt seit Jahrzehnten Besucher mit idyllischer Lage, sonnigen Kiesstränden, legeren Cafés und Restaurants. Orebić hat sich ein wenig verändert: In der Nähe der alten Urlauberhotels entstehen luxuriöse Apartments, zudem versuchen zahlreiche Immobilienmakler, Objekte an Urlauber zu verkaufen. *Karte H1*

• Information: Zrinsko-Frankopanska 2; 020 713 718; www.visitorebic-croatia.hr

3 Korčula-Stadt

Die Altstadt von Korčula-Stadt gehört zu den eindrucksvollsten historischen Zentren in Dalmatien. Hier findet man schöne Architektur, gute Restaurants und ruhige Cafés am Wasser, von denen aus man herrliche Sonnenuntergänge bewundern kann. Aktivitäten wie Windsurfen, Segeln und Tauchen stehen bei Besuchern und Einheimischen ebenfalls hoch im Kurs *(siehe S. 16f)*.

Korčula-Stadt

4 Weinberge von Pelješac

Viele Reisende nutzen die Halbinsel Pelješac nur als schnelle Verbindung von Dubrovnik nach Korčula-Stadt und verpassen die Gelegenheit, die Weingüter zu besichtigen, die den wohl besten kroatischen Wein produzieren – den Dingač. Der Reiseveranstalter Atlas in Dubrovnik organisiert Ausflüge zu drei Kellereien in den Dörfern Potomje und Prizdrina. Von Potomje aus führen Tunnel durch die Hügel zu ruhigen Stränden. *Karte J2*

Befestigung aus dem 14. Jahrhundert, Ston

5 Ston

Die Republik Ragusa *(siehe S. 8f)* ließ im 14. Jahrhundert in Ston eine Befestigung zum Schutz gegen feindliche Angriffe vom Meer erbauen, die wie eine Miniaturausgabe der Chinesischen Mauer wirkt. Heute ist das Leben in dem ehemals zweitmächtigsten Zentrum der Republik viel ruhiger. Zu den Attraktionen von Ston gehören die Salzpfannen und der schöne Blick auf die dinarischen Berge und die Gipfel von Bosnien. *Karte J2*

• Information: Pelješki Put 1; 020 754 452; www.ston.hr

Bez broja *(»bb«) in kroatischen Adressen heißt »ohne Nummer«.*

Marco Polo

Der Geburtsort des berühmten Marco Polo wird manchmal der Insel Korčula zugeschrieben, was allerdings Venedig und Genua heftig bestreiten. Es gibt zumindest Beweise, dass Polo Korčula-Stadt besucht hat. Insofern ist es durchaus berechtigt, dass die Einheimischen mit dem »Marco-Polo-Haus« ein Museum über den Reisenden betreiben.

6 Mali Ston

Etwas nördlich von Ston liegt das kleinere Schwesterstädtchen Mali Ston. Aus ganz Kroatien und Italien strömen Feinschmecker nach »Klein Ston«, um frischen Fisch und Meeresfrüchte, die kurz zuvor im Stonski-Kanal gefangen wurden, zu genießen. Die Szenerie ist so beeindruckend wie die Meeresfrüchte, deshalb ist es auch nicht überraschend, dass dieses Idyll mit seinen aphrodisierenden Austern ein begehrter Schlupfwinkel für verliebte Wochenendausflügler ist. Einige Restaurants in Mali Ston bieten auch Fremdenzimmer an.

Karte K2

7 Trsteno Arboretum

Zu Beginn des 16. Jahrhunderts legte die Familie Gučetić den Grundstein für ein Arboretum, das heute zu den wohl beeindruckendsten Europas zählt. Die Sammlung von Bäumen und Pflanzen aus der ganzen Welt erstreckt sich in einer herrlichen Küstenlandschaft hinab zur Adria und bietet einen schönen Blick auf den Hafen Trsteno und die Elaphitischen Inseln. Die Hauptattraktionen der friedlichen Oase 20 Kilometer nordwestlich von Dubrovnik sind eine 500 Jahre alte Platane, ein Aquädukt und Wasserspiele, deren Brunnen ein von Nymphen umringter Neptun ziert. *Potok 20, Trsteno • Karte K2 • 020 751 019 • Mai–Okt: tägl. 7–19 Uhr; Nov–Apr: tägl. 8–16 Uhr • Eintritt*

Neptunbrunnen, Trsteno Arboretum

8 Nationalpark Mljet

Der westliche Teil von Mljet wurde 1960 zum Nationalpark erklärt, der die Inselwälder aus Steineichen und Aleppokiefern schützt. Besonders interessant sind die durch einen Kanal miteinander verbundenen Salzwasserseen Veliko Jezero (»Großer See«) und Malo Jezero (»Kleiner See«). Im Veliko Jezero steht das eindrucksvolle und häufig umgebaute Kloster Sv. Marija (12. Jh.) auf der gleichnamigen schönen Insel. Eine weitere Sehenswürdigkeit ist das kleine, oberhalb von Mljets schönstem Hafen gelegene Dorf Polače mit seinen römischen Ruinen.

Pristanište 2, 20226 Govedari • Karte J2 • 020 744 041• Eintritt (Kinder frei) • www.np-mljet.hr

Nationalpark Mljet

Weitere Nationalparks **siehe S. 20f, S. 26f & S. 73**

9 Cavtat

Der Urlaubsort ist seit dem 3. Jahrhundert v. Chr. besiedelt. In Cavtat hinterließen Illyrer, Griechen, Römer und Slawen ihre Spuren. Sehenswert sind vor allem der Rektorenpalast aus dem 16. Jahrhundert und das von Ivan Meštrović erbaute Mausoleum der wohlhabenden Familie Račić. Interessant ist auch das Bukovac-Haus, das dem berühmten kroatischen Maler Vlaho Bukovac (1855–1922) gewidmet ist.

Karte L3 • Vlaho-Bukovac-Haus: Vlaha Bukovca 5; 020 478 646; Mai–Okt: Di–Sa 9–13 Uhr, 16–20 Uhr, So 16–20 Uhr; Nov–Apr: Di–Sa 9–13 Uhr, 14–17 Uhr, So 14–17 Uhr; Eintritt

Vlaho Bukovac (1855–1922), Selbstporträt

10 Konavle

Der schmale Landstreifen zwischen Cavtat und der Grenze zu Montenegro ist von Karstfelsen, grünen Wäldern und steilen Klippen geprägt. In diesem Gebiet gibt es antike Steingräber, Festungsruinen, einen römischen Aquädukt und Hügel mit Wein und Olivenbäumen. Empfehlenswert sind die organisierten »Safaris« *(siehe S. 67)*. Die Schäden aus dem Krieg Anfang der 1990er Jahre, als viele Dörfer zerstört wurden, sind auf den ersten Blick kaum sichtbar. *Karte L3 • Information: Zidine 6, Cavtat; 020 479 025. www.visit.cavtat-konavle.com*

Eine Fahrt auf der Halbinsel Pelješac

Vormittag

45 Minuten nördlich von Dubrovnik zweigt von der Küstenstraße (eine malerische, aber anstrengende Strecke) der Weg zur gebirgigen Halbinsel Pelješac ab. Etwas weiter liegt der Ort **Mali Ston**. In der exzellenten **Vila Koruna** *(siehe S. 97)* können Sie ein erstklassiges frühes Mittagessen mit Austern und frischem Fisch genießen. Danach erkunden Sie in **Ston**, der Schwesterstadt von Mali Ston, die robusten alten Mauern, die in das UNESCO-Welterbe aufgenommen werden sollen. Fahren Sie auf der Hauptstraße etwa eine halbe Stunde landeinwärts weiter, bis Sie bei Malo More (»Kleines Meer«) die Nordostküste erreichen. Folgen Sie der Hauptstraße bis **Janjina** *(siehe S. 94)*, wo Sie Wein aus der Region kaufen können.

Nachmittag

In **Potomje** gibt es Dingač, den besten kroatischen Rotwein. Einige Weinkellereien kann man besichtigen, aber bedenken Sie, dass die Promillegrenze in Kroatien auch bei 0,5 liegt. Fahren Sie weiter in Richtung Nordwesten nach **Orebić**. Der Strand und die malerische Lage lohnen eine Übernachtung. Hier lockt die **Bar Bofor** *(siehe S. 96)*, wo Sie ein Bier oder einen Wein bei atemberaubendem Sonnenuntergang genießen können. Alternativ können Sie auch die Autofähre über den Pelješki-Kanal nehmen und in **Korčula-Stadt** die Nacht verbringen. Wer den Rückweg nach Dubrovnik antreten möchte: Die Fahrt dauert ungefähr zwei Stunden.

Weitere Informationen über kroatischen Wein **siehe S. 50 & S. 106**

Links **Büste des römischen Kaisers Vespasian im Museum von Vid** Rechts **Janjina**

TOP 10 Dies & Das

1 Viganj
Die kleine Siedlung mit Dominikanerkloster (17. Jh.) und Blick auf die Insel Korčula liegt vor dem Pelješac-Gebirge in der Bucht von Viganj. Windsurfer lieben die Windbedingungen am Strand. *Karte H1*

2 Vid
Vid wurde von Griechen und Römern bewohnt und gedieh bis zum 7. Jahrhundert als Handelsstation zwischen Inseln und Hinterland. Sehenswert sind die Überreste des römischen Narona rund um den Ort und im Museum von Vid. *Karte J1*

3 Čilipi
Regelmäßige Volksmusikkonzerte und ein Volkskundemuseum machen Čilipi zum beliebten Ausflugsziel. In der Hochsaison treten sonntags Musiker in traditionellen Trachten auf. *Karte L3*

4 Orašac
Das nette Dorf 15 Kilometer nördlich von Dubrovnik bietet eine schöne Kirche (15. Jh.), eine palastartige Villa (16. Jh.), eine kleine Marina und einen guten Strand mit Blick auf die Elaphitischen Inseln. *Karte K2*

5 Lumbarda
Der hübsche Ort östlich von Korčula-Stadt lockt im Sommer mit Sandstränden *(siehe S. 43)*, abgeschiedenen Buchten und Wassersportmöglichkeiten. *Karte H2*

6 Baćina-Seen
Die sechs verbundenen Süßwasserseen nördlich von Ploče sind mit ihrer üppigen Vegetation ein beeindruckender Anblick und Lebensraum für zahlreiche Fisch- und Vogelarten. *Karte J1*

7 Kula Norinska
Der siebenstöckige Rundturm (16. Jh.) am Zusammenfluss von Norin und Neretva diente in früheren Zeiten als Wachturm und als Windmühle. *Karte J1*

8 Trpanj
Der kleine Urlaubsort an der malerischen Nordküste der Halbinsel Pelješac wartet mit einem Kiesstrand, mehreren Straßencafés und einem weiten Blick über Malo More bis hin zu den mächtigen Biokovo-Bergen auf. *Karte H1 • Information: Žalo 7; 020 743 433 • www.tzo-trpanj.hr*

9 Trstenik
Das ruhige Dorf liegt von Bergen geschützt an der Ostküste der Halbinsel Pelješac. Trstenik prägen alte Steinhäuser und ein sicherer Hafen sowie eine schöne Aussicht über das Meer auf Mljet und Lastovo. *Karte J2*

10 Janjina
Das kleine Dorf mit seiner schmucken Kirche zieht sich von den Berghängen der Halbinsel Pelješac bis zum Meer. Hier kann man guten Wein aus der Region kaufen. *Karte J2*

Informationen bietet auch das Fremdenverkehrsamt Dubrovačko-Neretvanska: Vukovarska 24, Dubrovnik **www.visitdubrovnik.hr**

Links **Badija** Rechts **Koločep**

Top 10 Inseln

1 Lokrum
Die südlichste Elaphitische Insel ist ein mit Bäumen bewachsenes, von Stränden gesäumtes Naturreservat – ein schöner Tagesausflug ab Dubrovnik. Die Ruine des Benediktinerklosters (10. Jh.) beherbergt ein Naturhistorisches Museum. *Karte M5*

2 Koločep
Die Hauptattraktion dieser Elaphitischen Insel ist ein Sandstrand, der nur selten so voll ist wie der von Dubrovnik. Es gibt hier zwei kleine Dörfer und dichte Wälder, die fast die ganze Insel bedecken. *Karte K2*

3 Lopud
Die Elaphitische Insel war einst ein dicht besiedeltes Bollwerk der Republik Ragusa, genießt nun aber einen friedlichen Ruhestand. Ein altes Kloster, Kirchen und einige Strände lohnen einen Besuch. *Karte K2*

4 Šipan
Die größte der Elaphitischen Inseln bietet von allen Inseln des Archipels die meisten Sehenswürdigkeiten, u. a. Kirchen und Festungen. *Karte K2*

5 Lastovo
Die wenig erschlossene Insel liegt abseits der ausgetretenen Touristenpfade. Ungewöhnlicherweise kehrt Lastovo-Stadt dem Meer den Rücken zu. *Karte G2*
• *Information: Pjevor bb, Lastovo-Stadt; 020 801 018; www.tz-lastovo.hr*

6 Sušac
Die kleine Insel bei Lastovo ist nur mit dem Privatboot erreichbar und bietet gute Tauch- und Schnorchelmöglichkeiten. Der Leuchtturm (19. Jh.) mit der fantastischen Aussicht kann gemietet werden *(siehe S. 115)*. *Karte G2*

7 Korčula
Die wohl interessanteste Insel Süd-Dalmatiens bietet neben Korčula-Stadt *(siehe S. 16f)* auch Weinberge und Strände. *Karte H1*

8 Badija
Die kleine Insel bei Korčula ist mit dem Wassertaxi erreichbar. Hier leben Franziskanermönche. Die Kirche und das Kloster sind renoviert und vom Meer aus ein schöner Anblick. *Karte H1*

9 Majsan
Majsan ist noch kleiner als Badija und auch nur mit dem Wassertaxi von Korčula-Stadt aus zu erreichen. Auf der Insel gibt es Überreste einer römischen Siedlung und die Ruinen einer mittelalterlichen Kirche. *Karte H1*

10 Palagruža
Die Felsinsel ragt am Rand der kroatischen Gewässer aus der Adria auf. In dem 100 Meter hohen Leuchtturm kann man Ferien à la Robinson Crusoe verbringen *(siehe S. 115)*. Die Insel ist nur mit einem Privatboot zu erreichen. *außerhalb der Karte*

Ausflugsboote fahren von Dubrovnik nach Lokrum, Korčula & zu den Elaphitischen Inseln, von Split nach Lastovo & Korčula.

Links **Massimo, Korčula** Mitte **Cocktail Bar Tramonto, Korčula** Rechts **Uferpromenade, Orebić**

TOP 10 Cafés, Bars & Clubs

1 Beach Café, bei Lumbarda
Die bescheidene Café-Bar am Sandstrand von Pržina südlich von Lumbarda ist ein perfekter Ort für einen entspannenden Tag an der Adria. *Karte H2*

2 Vertigo, Srebreno
In diesem populären Club zehn Kilometer südöstlich von Dubrovnik spielt man vor allem House, manchmal gibt es auch Live-Musik. *Dr F Tuđmana 20 • Karte L2*

3 Riva, Cavtat
Genießen Sie in einer der Café-Bars am Meer die mediterrane Atmosphäre und den Blick über die Bucht und die Inseln. *Karte L3*

4 Massimo, Korčula-Stadt
Die beliebte Sommerbar thront auf einer Verteidigungsbastion und versorgt sich mit einem einmaligen Flaschenzugsystem mit Getränken. Genießen Sie den Sonnenuntergang, während die Schwalben am Himmel kreisen. Essen gibt es im unteren Geschoss. *Šetalište Petra Kanavelića bb • Karte H1*

5 Dno Dna, Korčula-Stadt
In der kleinen, netten Bar am Rande der Altstadt in einer verkehrsberuhigten Allee kommen viele Einheimische und Gäste zusammen. Die Bar hat lange Öffnungszeiten. Manchmal gibt es Live-Auftritte von Bands. *Preko Puta Gradskog Parka bb • Karte H1*

6 Cocktail Bar Tramonto, Korčula-Stadt
Die Cocktailbar liegt am Wasser im Westen der Altstadt Korčula. Hier genießt man die bunten Cocktails am liebsten beim Sonnenuntergang. *Ismaelli 12 • Karte H1*

7 Vinum Bonum, Korčula-Stadt
Tagsüber ist Vinum Bonum ein Weinladen, abends wird es eine Bar. Sie liegt allerdings etwas außerhalb der Stadt. *Punta Jurana bb • Karte H1*

8 Konoba Karmela, Viganj
Dieser Laden verfügt über eine schöne Holzterrasse über dem Wasser. Vor allem Einheimische kommen gerne hierher, um zu essen und zu trinken. Ideales Lokal für einen Kaffee, ein Bier, einen Wein oder ein kleines Gericht mit Fisch, Pasta oder Salat. *Viganj 36 • Karte H1*

9 Beach Bar Bofor, Viganj
In dieser Strandbar (sechs Kilometer westlich von Orebić) finden häufig Partys der Windsurfer statt. Daher auch der Name: Bofor ist die kroatische Schreibweise für Beaufort, die Maßeinheit der Windstärke. *Karte H1*

10 Uferpromenade, Orebić
Lassen Sie einen schönen Tag an einem der besten Strände Dalmatiens *(siehe S. 42)* in einem der Cafés mit Blick auf Korčula ausklingen. *Karte H1*

In Kroatien ist das Rauchen in Cafés, Bars, Restaurants & Clubs verboten.

Kolona, Cavtat

Preiskategorien

Preis für ein Drei-Gänge-Menü pro Person mit einer halben Flasche Wein, inkl. Steuern und Service.

K	unter 100 K
KK	100–150 K
KKK	150–200 K
KKKK	200–250 K
KKKKK	über 250 K

TOP 10 Restaurants

1 Vila Koruna, Mali Ston
Wahrscheinlich ist dies die beste Wahl in einem kleinen Ort mit vielen erstklassigen Fischlokalen: Vila Koruna ist ein Muss für Fischliebhaber – und Verliebte *(siehe S. 48)*. *Mali Ston • Karte K2 • 020 754 999 • KK*

2 Kapetanova Kuća, Mali Ston
Das beliebte Lokal in Mali Ston bietet frische Muscheln aus dem Malostonski-Kanal, gegrillten Fisch und Pelješac-Weine. Das Seafood-Risotto ist besonders köstlich. *Mali Ston • Karte K2 • 020 754 264 • KKK*

3 Adio Mare, Korčula-Stadt
Spezialität des an warmen Sommerabenden besonders beliebten Fischrestaurants ist Fisch vom Grill *(siehe S. 48)*. *Svetog Roka 2 • Karte H1 • 020 711 253 • mittags & Nov–März geschl. • KKK*

4 Marinero, Korčula-Stadt
In einer Seitenstraße serviert man hier exzellente dalmatinische Fischgerichte und Wein. Das Marinero wird von zwei Fischern betrieben: Frische ist also garantiert. *Ulica Marka Andrijića 13 • Karte H1 • 020 711 170 • KKKK*

5 Vrgorac, Orebić
Holztische, große Terrasse und ein Blick über das Meer kennzeichnen dieses Lokal mit dalmatinischen Fischgerichten. *Perna 24, Perna (zwischen Orebić und Viganj) • Karte H1 • 020 719 152 • KK*

6 Augusta Insula, Lastovo-Stadt
Im besten Lokal von Lastovo kann man die vielen Segler beobachten und delikate Fischgerichte genießen. *Zaklopatica 21 • Karte G2 • 098 938 6035 • Nov–Apr geschl. • KKKK*

7 Ogigija, Mljet
Fisch ist auch die Spezialität dieser Pension mit Restaurant und großer Terrasse mit Blick auf das Meer. *Polače 17 • Karte J2 • 020 744 090 • Okt–Apr geschl. • KKK*

8 Kolona, Cavtat
Das Kolona lockt mit seiner Terrasse mit Meerblick. Innovative Gerichte wie roher Schwertfisch mit Zitrone haben sich in die dalmatinische Speisekarte eingeschlichen. *Put Tihe 2 • Karte L3 • 020 478 787 • Nov–März geschl. • KKK*

9 Gverović-Orsan, Zaton Mali
Eine kurze Fahrt von Dubrovnik nach Norden bringt Sie zu diesem exzellenten kleinen Restaurant. Genießen Sie auf der Terrasse direkt am Meer gute, frische Meeresfrüchte. *Štikovica 43 • Karte K2 • 020 891 267 • Dez–März geschl. • KKKK*

10 Konoba Zure, Lumbarda
Die familiengeführte *konoba* serviert delikate Fischgerichte – probieren Sie etwa *brodetto* (Fischeintopf), geschmorten Oktopus oder Risotto mit Muscheln. *Lumbarda 239 • Karte H2 • 020 712 334 • So geschl. • KKK*

Weitere Restaurants **siehe S. 48f, S. 68f, S. 79 & S. 87**

Novo lice Grada!

REISE-INFOS

Freiluftmesse in Split

TOP 10 Grundinformationen

1 Sprache

Die kroatische Grammatik ist schwierig, die richtige Aussprache bestimmen vor allem die durch č, ć, ž, š, čž und đ ausgedrückten Laute. Jeder Buchstabe wird ausgesprochen und die Betonung liegt fast immer auf der ersten Silbe. Viele Kroaten verstehen Englisch, Deutsch und Italienisch, freuen sich aber über jeden Besucher, der versucht, Kroatisch zu sprechen.

2 Strom & Wasser

Die Stromspannung beträgt 230 Volt. Flache zweipolige Stecker passen immer und überall. Die Qualität des Leitungswassers ist in ganz Kroatien sehr gut.

3 Öffnungszeiten

Läden haben in der Hochsaison meist montags bis freitags von 8 bis 20 Uhr, viele auch am Wochenende geöffnet. Banken sind in der Regel von 8 bis 19 Uhr, Postämter unter der Woche von 8 bis 20 Uhr sowie samstags von 8 bis 13 Uhr zugänglich. Viele Café-Bars öffnen um 7 Uhr und schließen um 23 Uhr, manche auch später. Die meisten Restaurants haben bis 23 Uhr geöffnet.

4 Zeit

In Kroatien gilt die Mitteleuropäische Zeit (MEZ). Die Sommerzeit gilt von Ende März bis Ende Oktober wie in ganz Europa.

5 Fremdsprachiges Radioprogramm

Während der Sommersaison sendet das zweite Programm des kroatischen Rundfunks Hrvatska Radiotelevizija (HRT) zu jeder vollen Stunde Nachrichten, Verkehrsmeldungen und Informationen in deutscher und englischer Sprache (Dubrovnik: 98,5 MHz, Split: 96,1 MHz).

6 Literatur

Besucher, die sich umfassender über die jüngere kroatische Geschichte informieren möchten, sollten die Lektüre folgender Bücher in Betracht ziehen: *Kroatien* von Ludwig Steindorff, *Der lange Weg nach Dayton* von Daniel Eisermann und *Kroatien* von Rainer Hackenberg und Eckart Diezemann.

7 Politisches System

Kroatien ist eine Republik (Republika Hvratska, Kfz-Kennzeichen: HR) mit einem parlamentarischen Mehrparteiensystem. Legislative und Exekutive sind getrennt. Franjo Tuđman, der erste demokratisch gewählte Präsident des Landes, blieb von 1992 bis zu seinem Tod 1999 im Amt. Seit Dezember 2011 ist Zoran Milanović von der Socijaldemokratska Partija Hrvatske (SDP) Ministerpräsident und Regierungschef von Kroatien. Das Land ist in 20 Gespanschaften *(županije)* und die Hauptstadt Zagreb unterteilt. Zagreb hat ebenfalls die Funktion einer Gespanschaft. Seit 2009 ist Kroatien Mitglied der NATO. Am 1. Juli 2013 trat Kroatien als 28. Staat der Europäischen Union bei.

8 Wirtschaft

Neben Landwirtschaft und Fremdenverkehr zählt die Industrie zu den wichtigsten Säulen der kroatischen Wirtschaft. Bedeutende Branchen sind die Produktion von Lebensmitteln, Textilien, Holz, Metallwaren, elektronischen Geräten und chemischen Erzeugnissen sowie die Schifffahrt und der Schiffsbau. Allerdings belasten die Folgen der globalen Finanzkrise 2007 und der europäischen Schuldenkrise 2009 das Land. Die Arbeitslosenquote lag 2013 bei knapp 19 Prozent.

9 Religion

88 Prozent der Kroaten sind römisch-katholisch, vier Prozent serbisch-orthodox, etwa ein Prozent muslimisch.

10 Kultur & Gesellschaft

Die Einwohner der Region lieben Essen und Mode und sagen offen ihre Meinung. Ein starkes Nationalbewusstsein zeigt sich z. B. in der folkloristischen Tradition, vor allem in Čilipi *(siehe S. 94)* und Korčula-Stadt *(siehe S. 16f)*. Als Katholiken vertreten Kroaten z. B. bei Scheidungen konservative Standpunkte.

Vorhergehende Doppelseite **Stradun in Dubrovnik**

Links **Fremdenverkehrsbüro** Rechts **An Feiertagen strömen Kroaten an die Strände**

Top 10 Reisevorbereitung

1 Einreise
Für die Einreise von EU-Bürgern und Schweizern nach Kroatien ist ein gültiger Personalausweis oder Reisepass erforderlich. Auch Kinder jeden Alters benötigen ein eigenes Reisedokument mit Lichtbild. *Kroatisches Außenministerium: www.mvep.hr*

2 Beste Reisezeit
Dalmatiens mediterranes Klima bietet heiße Sommer und milde Winter. Die meisten Einrichtungen für Urlauber sind von Ende Oktober bis Ende April geschlossen. Mai und September sind die besten Reisemonate. Dann kann man bei gutem Wetter alle Annehmlichkeiten ohne die sommerlichen Besucherscharen genießen.

3 Versicherung
Empfehlenswert ist eine Reiseversicherung, die Verspätungen, Stornierungen, Gepäckverlust oder -beschädigung, Unfälle, Krankheit und Gerichtskosten abdeckt.

4 Nicht vergessen
Wer verschreibungspflichtige Medikamente einnehmen muss, sollte einen ausreichenden Vorrat mitführen und den Namen des Wirkstoffs kennen. Im Sommer sind Sonnencreme, Sonnenbrille und Insektenschutzmittel, im Winter eine warme Jacke und zu jeder Jahreszeit Regenkleidung zu empfehlen.

5 Information
Ausführliche Informationen bieten die Website der Kroatischen Zentrale für Tourismus und deren Büros im Ausland. In dalmatinischen Städten sind die Informationsbüros oft nur in der Saison geöffnet. *Kroatische Zentrale für Tourismus: www.croatia.hr*

6 Botschaften & Konsulate
Die Botschaften Deutschlands, Österreichs und der Schweiz befinden sich in Zagreb. Deutschland und Österreich haben zudem Konsulate *(siehe Kasten)*.

7 Zoll
Die kroatischen Zollvorschriften entsprechen fast vollkommen dem EU-Standard, Waren für den persönlichen Gebrauch sind jedoch nur bis zu einem Wert von 1000 Kuna zollfrei. Bargeldbeträge über 10 000 Euro sind bei der Einreise anzugeben.

8 Feiertage
An den folgenden Feiertagen sind Banken, Läden und zum Teil auch Restaurants geschlossen: 1. Januar, 6. Januar, Ostersonntag & Ostermontag, 1. Mai, Christi Himmelfahrt (Mai/Juni), 22. Juni, 5. August, 15. August, 8. Oktober, 1. November sowie 25. und 26. Dezember.

9 Fahrpläne
Planen Sie Reisen mit öffentlichen Transportmitteln sorgfältig, Hilfe bieten die Informationsschalter. Besonders die Zeitpläne der Fähren ändern sich häufig, von Oktober bis April fahren sie nur eingeschränkt. Im Winter fehlen häufig Anschlussbusse zu den Fähren. Bitten Sie ein Reisebüro vor Ort oder das Hotel um die Organisation des Transfers.

10 Reservierungen
Im Sommer sind Hotels schnell ausgebucht. Für Juli und August sollten Zimmer möglichst früh reserviert werden. Dies gilt auch für Festivaltickets *(siehe S. 54f)*. Reservierungen für Fähren ersparen lange Wartezeiten.

Botschaften & Konsulate

Deutschland
Botschaft: Vukovara 64, 10000 Zagreb • (00385) 1 630 0100 • www.zagreb.diplo.de

Honorarkonsulat: Ulica Borova 1, 31000 Osijek • (00385) 31 220 006

Österreich
Botschaft: Radnička Cesta 80, 9. Stock, 10000 Zagreb • (00385) 1 488 1050 • www.bmeia.gv.at/zagreb

Honorargeneralkonsulat: Klaiceva Poljana 1, 21000 Split • (00385) 21 322 535

Schweiz
Botschaft: Bogovićeva 3, 10000 Zagreb • (00385) 1 487 8800 • www.eda.admin.ch/zagreb

An Felsstränden leben Seeigel – tragen Sie dort Badeschuhe, um Verletzungen an den Füßen vorzubeugen.

Links **Behindertenparkplatz** Rechts **Reisegruppe**

TOP 10 Besondere Bedürfnisse

1 Studenten

Für Studenten gibt es in Kroatien nicht viele Ermäßigungen. Mit dem Internationalen Jugendherbergsausweis erhält man in den Jugendherbergen von Dubrovnik und Zadar Nachlässe *(siehe S. 116)*. *Hostelling International: www.hihostels.com*

2 Behinderte Reisende

In Dalmatien sind viele Sehenswürdigkeiten, enge Straßen und historische Gebäude nur begrenzt für Rollstuhlfahrer zugänglich und nur die modernsten Hotels und Restaurants sind behindertengerecht ausgestattet. Wenden Sie sich deshalb für die Reiseplanung an die Kroatische Zentrale für Tourismus *(siehe S. 101)*.

3 Schwule & Lesben

In Dalmatien hat sich mittlerweile eine kleine Szene für Schwule und Lesben entwickelt, dennoch kann öffentlich gezeigte Zuneigung homosexueller Paare negative Reaktionen hervorrufen. Die Schwulenparaden in Zagreb und Split werden fast jedes Jahr von radikalen Gegnern gestört. Der Croatia Gay Guide liefert Informationen. *www.croatia-gay.com*

4 Alleinreisende Frauen

Obwohl sich manche Männer chauvinistisch verhalten, werden alleinreisende Frauen in der Regel mit Respekt behandelt. Beachten Sie aber grundsätzliche Vorsichtsmaßnahmen: Gehen Sie in der Dunkelheit nicht allein und treffen Sie Fremde auch tagsüber nur an belebten öffentlichen Orten.

5 Senioren

Dalmatien ist ein beliebtes Reiseziel für Senioren. Internet-Portale wie Reiselinks.de bieten eine gute Übersicht spezieller Veranstalter für Seniorenreisen. Auch hier gilt: In der Nebensaison sind die Angebote preisgünstiger. *www.reiselinks.de/best-ager-reisen.html*

6 Vegetarier

Fleisch und Fisch dominieren die dalmatinische Küche, doch auch für Vegetarier gibt es inzwischen mehr als Salate, Nudeln, Risotto, Gemüsebeilagen und Käse. Selbstversorger haben eine noch größere Auswahl. In den meisten Städten und Dörfern gibt es Lebensmittelmärkte und gut sortierte Supermärkte.

7 Gruppenreisen

Im Juli und im August machen viele Reisegruppen in Dubrovnik Station. Die Kroatische Zentrale für Tourismus *(siehe S. 101)* hat ein Verzeichnis ausländischer, auf Gruppenreisen spezialisierter Reisebüros.

8 Mit Kindern reisen

Kinder sind überall willkommen. Bis zum Alter von zwölf Jahren dürfen sie viele Sehenswürdigkeiten ermäßigt besichtigen. Hotels stellen gegen Aufpreis zusätzliche Betten in den Zimmern bereit. Bei Bedarf sollten Sie dies bereits bei der Hotelbuchung anmelden. Öffentliche Wickelräume sind rar, Wegwerfwindeln und Babynahrung gibt es jedoch überall zu kaufen.

9 Haustiere

Haustiere darf man ohne weitere tierärztliche Untersuchung für Urlaubsaufenthalte mitnehmen, wenn sie einen Mikrochip tragen, einen EU-Heimtierausweis oder ein tierärztliches Zeugnis besitzen und gegen Tollwut geimpft sind. Die Impfung darf nicht länger als ein Jahr und nicht weniger als 15 Tage zurückliegen. Die tierärztliche Untersuchung kann gegen Entgelt an der Grenze vorgenommen werden. Informationen liefert der Bundesverband der beamteten Tierärzte. *Bundesverband der beamteten Tierärzte: www.amtstieraerzte.de*

10 Dentalurlaub

Wie auch in Ungarn oder anderen Staaten, so bieten immer mehr kroatische Zahnärzte einen Dentalurlaub-Service. Hierbei kann man seine Zähne behandeln oder sich Implantate anfertigen lassen. Die Zahnärzte bieten eine deutschsprachige Abwicklung, zum Teil mit Urlaubsorganisation.

Attraktionen für Kinder **siehe S. 52f**

Links **Inlandsfähre** Rechts **Segelboote**

TOP 10 Anreise & Unterwegs

1 Mit dem Flugzeug
Maschinen der Fluggesellschaft Croatia Airlines fliegen u. a. von Düsseldorf, Frankfurt am Main, München, Wien und Zürich direkt nach Kroatien. Die dalmatinische Küste ist in der Hauptsaison an weitere Städte in Deutschland und Österreich angebunden. *Croatia Airlines: www.croatiaairlines.com*

2 Flughäfen
Dalmatien verfügt über internationale Flughäfen in Dubrovnik, Split und Zadar. *Dubrovnik: Karte L3; 020 773 100; www.airport-dubrovnik.hr • Split: Karte D5; 021 203 555; www.split-airport.hr • Zadar: Karte B3; 023 205 800; www.zadar-airport.hr*

3 Mit dem Schiff
Zwischen Italien und Dalmatien verkehren die Autofähren von Jadrolinija (Ancona – Split, Ancona – Zadar, Bari – Dubrovnik). SNAV betreibt Passagierfähren zwischen Ancona und Split, Blue Line bedient ebenfalls die Route Split – Ancona sowie die Strecke Hvar – Ancona. *Blue Line: www.blueline-ferries.com • Jadrolinija: www.jadrolinija.hr • SNAV: www.snav.it*

4 Mit dem Auto
Die Routen aus West- und Mitteleuropa führen über Slowenien, aus Osteuropa über Ungarn. Der Hrvatski Autoklub und nationale Automobilclubs geben Tipps zur Verkehrslage und zu Straßenbedingungen. *Hrvatski Autoklub: www.hak.hr*

5 Kreuzfahrten
Dubrovnik liegt an den Kreuzfahrtrouten im Mittelmeer. Der Hafen wird von immer mehr und immer größeren Kreuzfahrtschiffen angelaufen, u. a. gehen hier Schiffe von Royal Caribbean sowie kleinere Schiffe auf dem Weg von und nach Venedig, Istrien und Montenegro vor Anker. *Royal Caribbean: www.royalcaribbean.com*

6 Mit dem Segelboot
Unzählige Inseln, kleine versteckte Buchten, das ruhige Meer und scheinbar endlose Abschnitte unberührter Küste sorgen dafür, dass dalmatinische Gewässer bei Seglern immer beliebter werden *(siehe S. 46f)*.

7 Inlandsfähren
Jadrolinija betreibt zwischen den dalmatinischen Inseln zahlreiche Fährverbindungen. Die meisten Fähren legen in Split, Šibenik und Zadar an und ab. Tickets können nicht an Bord, sondern müssen bereits vor der Abfahrt an einem Fahrkartenschalter, in den Jadrolinija-Büros oder am Fähranleger gekauft werden. Passagiere mit Auto sollten im Juli und im August im Voraus reservieren. Split Tours bietet von Split aus den Transport mit Schnellbooten an.

8 Taxis & Busse
Taxis können bestellt oder an der Straße angehalten werden. An Bushaltestellen und Busbahnhöfen hängen Fahrpläne der lokalen und nationalen Buslinien aus. Die Preise sind vernünftig, jedes Gepäckstück kostet allerdings extra.

9 Mietwagen
Wer ein Auto mieten möchte, muss mindestens 21 Jahre alt sein sowie einen Ausweis, einen gültigen Führerschein und eine Kreditkarte vorlegen. Prüfen Sie die Vertragsbedingungen sorgfältig. Die nationalen Automobilclubs stehen ihren Mitgliedern mit hilfreichen Mietwagen-Tipps zur Seite. *Sixt: 01 6651 599; www.sixt.hr*

10 Verkehrsregeln
In Kroatien darf man 50 km/h in Ortschaften, 90 km/h auf Landstraßen, 100 km/h auf ausschließlich für Kfz vorgesehenen Straßen und Schnellstraßen sowie 130 km/h auf Autobahnen fahren. Es herrscht Anschnallpflicht und im Winter muss das Abblendlicht eingeschaltet sein. Der Blutalkoholgrenzwert liegt bei 0,5 Promille (unter 24 Jahren 0,0 Promille). Es ist verboten, am Steuer ohne Freisprechanlage mit dem Handy zu telefonieren. Die Polizei muss bei Unfällen unverzüglich informiert werden, bei Pannen sind Warndreiecke aufzustellen (Notrufnummern *siehe S. 104*).

Die Shuttle-Busse von Croatia Airlines zwischen Flughäfen & Stadtzentren können von Fluggästen aller Linien genutzt werden.

Links **Krankenhaus** Rechts **Kroatischer Polizist**

TOP 10 Sicherheit & Gesundheit

1 Krankenversicherung

Mit der Europäischen Krankenversicherungskarte (EHIC) der gesetzlichen Krankenversicherung haben Reisende Anspruch auf medizinisch notwendige Behandlungen.

2 Private Zusatzversicherung

Mit der Europäischen Krankenversicherungskarte ist man im Urlaub nicht umfassend abgesichert. Deshalb ist der Abschluss einer Auslandsreise-Krankenversicherung zu empfehlen, die z. B. auch die Kosten eines Krankentransports nach Hause übernimmt.

3 Bisse & Stiche

Streunende Tiere können Tollwut haben und sollten nicht gestreichelt werden. Tragen Sie an felsigen Ufern Schuhe, da die Stacheln der Seeigel Infektionen verursachen können. Von April bis August muss man in den Wäldern mit Zecken rechnen – ziehen Sie lange Hosen an, lassen Sie sich unter Umständen impfen und benutzen Sie Insektenschutzmittel – auch gegen die vielen Mücken.

4 Sonnenschutz

Gegen Sonnenstich, Sonnenbrand und Dehydrierung helfen Sonnencremes mit hohem Lichtschutzfaktor, Sonnenhüte und viel Flüssigkeit. Trinken Sie am besten reichlich Mineralwasser.

5 Kliniken & Gesundheitszentren

Alle Städte und größeren Orte verfügen über eine Klinik oder ein Gesundheitszentrum mit qualifiziertem Personal und guter Ausstattung. Die Qualität der Versorgung entspricht der in vielen westeuropäischen Ländern.

6 Apotheken

In den meisten Stadt- und Ortszentren gibt es Apotheken *(ijekarna)*, in ländlichen Gebieten muss man meist etwas fahren. Die Öffnungszeiten sind normalerweise montags bis freitags von 8 bis 20 Uhr, samstags von 8 bis 14 Uhr. Apotheker sprechen meist Englisch oder Deutsch. Bei kleineren Beschwerden können sie geeignete rezeptfreie Medikamente empfehlen.

7 Kriminalität

Die Kriminalitätsrate ist in Kroatien niedriger als in den meisten europäischen Ländern. Schwere Verbrechen gegen Urlauber sind selten. Sie sollten jedoch umsichtig sein und auf Taschendiebe achten. Wenn Sie Opfer eines Verbrechens werden, benachrichtigen Sie sofort die Polizei.

8 Autopannen

Mietautos in Kroatien sind meist gegen Pannen versichert. Selbstfahrer sollten sich bei einem Automobilclub einen Auslandsschutzbrief ausstellen lassen.

9 Ausweispapiere

Die kroatische Polizei kann jederzeit nach dem Personalausweis oder Reisepass fragen. Auch bei der Anmeldung im Hotel muss ein Ausweis vorgelegt werden. Wenn Sie mit dem Auto fahren, müssen Sie die entsprechenden Papiere, u. a. den Führerschein, mitführen, die Polizei kann sonst ein Bußgeld erheben.

10 Landminen

In Dalmatien sind die meisten Landminen aus dem Krieg der 1990er Jahre geräumt worden – vereinzelt können jedoch noch Minen im Boden verborgen sein. Um Skradin, im Nationalpark Krka und im Grenzgebiet zu Bosnien stehen an Feldern und in Dörfern noch immer Warnschilder, die Sie unbedingt beachten sollten. Wanderer sollten aktuelle Karten benutzen, auf den Wegen bleiben und sich vor Ort nach bekannten Minenfeldern erkundigen.

Notrufnummern

Polizei
- *112 oder 192*

Feuerwehr
- *112 oder 193*

Krankenwagen
- *112 oder 194*

Pannendienst
- *1987*

Seerettung
- *195*

Deutsch sprechende Mitarbeiter der ADAC-Notrufstation in Kroatien erreichen Sie unter der Rufnummer 01 344 0666.

Links **Geldautomat** Mitte **Internet-Café** Rechts **Postamt**

TOP 10 Geld & Kommunikation

1 Währung
Die offizielle Währung in Dalmatien ist die Kroatische Kuna (»K« oder »HRK«). Eine Kuna entspricht 100 Lipa. Preise werden in der Regel in Kuna ausgewiesen, es kann jedoch meist auch mit Euro bezahlt werden.

2 Geldwechsel
Fremdwährungen wie Euro oder Schweizer Franken kann man in Banken, Wechselstuben, auf Postämtern sowie in den meisten Reisebüros, Hotels und auf Campingplätzen tauschen. Reiseschecks werden immer seltener angenommen.

3 Geldautomaten
In Städten und selbst an Strandpromenaden gibt es zahlreiche Geldautomaten, an denen man mit Kredit- oder Debitkarte und PIN Bargeld abheben kann. Die Gebühren betragen etwa drei bis fünf Euro pro Abhebung.

4 Kredit- und Debitkarten
Kreditkarten wie American Express, MasterCard, Visa und Diners Club sowie Debitkarten wie die Girocard (früher EC-Karte) mit Maestro- oder VPay-Logo werden in Läden, Restaurants und Hotels sowie an Geldautomaten akzeptiert. Bei Verlust oder Diebstahl sollten Sie Ihre Karte umgehend sperren lassen, um die Haftung bei einem Missbrauch zu begrenzen *(siehe Kasten)*.

5 Öffentliche Telefone
Öffentliche Telefonzellen funktionieren meist mit Telefonkarten, die in Postämtern oder an Kiosken verkauft werden. Zu empfehlen sind internationale Telefonkarten, die in Postämtern erhältlich sind. Sie können in den Telefonzellen Orts-, Fern- und Auslandsgespräche führen. Lassen Sie für Ortsgespräche die dreistellige Vorwahl weg. Die Vorwahl für Kroatien ist (00)385.

6 Mobiltelefone
Nach den EU-Richtlinien für die Handynutzung im Ausland beträgt seit Juli 2014 der Minutenpreis für abgehende Telefonate 0,19 Euro, für ankommende Gespräche 0,05 Euro. Für jede SMS wird maximal 0,06 Euro berechnet, mobiles Surfen kostet 0,20 Euro pro MB (alle Preise zzgl. Mehrwertsteuer).

7 Postämter
In großen Postämtern können Sie Post versenden, faxen, Telefonkarten kaufen, Geld wechseln, Geld abheben und Geld überweisen. Luftpost innerhalb Europas benötigt etwa fünf Tage. Postämter sind in der Regel montags bis freitags von 8 bis 20 Uhr sowie samstags von 8 bis 13 Uhr geöffnet.

8 Internet
In Dalmatien gibt es viele Internet-Cafés. In den Hotellobbys stehen oft Terminals mit Münzeinwurf. Viele Hotels und Cafés bieten (teils kostenlose) WLAN-Hotspots an. Das Unternehmen VIP ist der größte kroatische Internet-Anbieter. *VIP: www.vipnet.hr*

9 Fernsehen
Neben den öffentlich-rechtlichen Kanälen HRT1 bis HRT4 gibt es noch die beiden Privatsender Nova TV und RTL. Meist kann man gebührenfrei Satellitenprogramme, u. a. auf Deutsch und Italienisch, empfangen.

10 Zeitungen
Die wichtigsten kroatischen Tageszeitungen sind *Slobodna Dalmacija*, *Večernji list* und *Jutarnji list*. Deutschsprachige Presse erscheint in vielen Städten und Ferienzentren mit etwa ein bis zwei Tagen Verspätung.

Kreditkartenverlust

Allgemeiner Notruf
- *0049 116 116*
- *www.116116.eu*

American Express
- *01 612 4422*

Diners Club
- *01 492 0501*

MasterCard
- *001 636 722 7111*

Visa
- *0800 220 111, dann 866 654 0125*

Girocard
- *0049 69 740 987*

Der Dienst Deutschland Direkt für R-Gespräche in das Festnetz der Deutschen Telekom hat die Rufnummer 0800 220 049.

Links **Kroatische Weine** Rechts **Duty-free-Shop**

Top 10 Restaurant- & Shopping-Tipps

1 Steuer
In Kroatien zahlt man 25 Prozent Mehrwertsteuer. Ein ermäßigter Satz von zehn Prozent gilt z. B. in Restaurants, bei Hotelübernachtungen sowie für Nahrungsmittel und bestimmte Zeitungen und Zeitschriften. Nicht-EU-Bürger können sich unter bestimmten, recht komplizierten Bedingungen die Mehrwertsteuer wieder erstatten lassen. *www.globalblue.com*

2 Bargeld
Auf dem Land und in kleinen Dörfern gibt es wenige Geldautomaten, Banken, Postämter oder Wechselstuben. Kredit- und Debitkarten werden zwar immer öfter, aber nicht immer und überall akzeptiert. Sie sollten deshalb stets kroatisches Bargeld mitführen.

3 Happy Hour
In den Feriengebieten sind die Preise zur Happy Hour niedriger als sonst. Die Zeiten variieren, beachten Sie die Informationen vor Ort.

4 Picknicken
Alles, was Sie für ein Picknick am Strand oder an einem anderen hübschen Ort benötigen, bekommen Sie frisch auf Märkten, in Supermärkten oder direkt bei den Erzeugern in der Region (achten Sie auf Hinweisschilder am Straßenrand). In Dalmatien gibt es nur wenige ausgewiesene Picknickplätze. Mit einem gefüllten Picknickkorb und einer Decke kann man es sich aber fast überall gemütlich machen.

5 Restaurants
Lokale sind traditionell in *restoran* (Restaurant), *konoba* (Taverne) und *gostiona* (Gasthaus) eingeteilt. Die Unterschiede sind nur schwer zu definieren, der Grad der Förmlichkeit und die Höhe der Preise nehmen aber vom *restoran* zur *gostiona* hin ab. Falls Sie Lust auf Eiscreme verspüren, sollten Sie nach dem Wort *sladoled* Ausschau halten. Eine Konditorei heißt in Kroatien *slastičarnica*. Im Sprachführer *(siehe S. 126f)* finden Sie die wichtigsten kroatischen Begriffe auf der Speisekarte, nützliche Redewendungen und die wichtigsten Sätze, die Sie in einem Restaurant benötigen.

6 Öffnungszeiten
In der Regel haben Läden montags bis freitags von 8 bis 20 Uhr und samstags von 8 bis 13 oder 14 Uhr geöffnet, in den Urlaubszentren besonders in der Hochsaison auch länger. Kleine Läden können mittags länger geschlossen sein.

7 Wein
Einige der besten Weine Kroatiens kommen aus Dalmatien. Achten Sie vor allem auf trockene Weißweine aus Konavle (Maraština und Ragusa), Korčula (Pošip und Rukatac), von der Halbinsel Pelješac (Sveta Ana), aus Vis (Vugava) und aus Hvar (Zlatan Otok und Zavala). Empfehlenswerte Rotweine kommen von der Halbinsel Pelješac (Dingač, Plavac, Plavac Mali und Postup), aus der Region Konavle (Merlot und Cabernet Sauvignon) und aus Hvar (Zlatan Plavac). Babić aus Nord-Dalmatien sowie Kaštelet aus Zentral-Dalmatien sind ebenfalls beliebt. Die günstigsten Preise erhalten Sie direkt bei den Winzern.

8 Rabatte
Einige Läden, Hotels und Restaurants bieten ihren Gästen bei Barzahlung einen Preisnachlass von bis zu 20 Prozent.

9 Duty-free-Shops
Seit Kroatien EU-Mitglied ist, können nur noch Nicht-EU-Bürger auf kroatischen Flughäfen zollfrei einkaufen. Allerdings sind außerhalb des Flughafens die Preise für viele Produkte weitaus niedriger.

10 Trinkgeld
Der Service ist normalerweise in der Rechnung enthalten, üblicherweise rundet man jedoch auf die nächsten zehn Kuna auf. Bei besonders gutem Service können Sie ein Trinkgeld von zehn bis 15 Prozent geben. Taxifahrer erwarten in der Regel kein Trinkgeld, freuen sich aber über ein kleines Extra.

Preiswert essen in Dubrovnik **siehe S. 68**

Links **Hinweisschild für Unterkünfte** Rechts **Lebensmittelmarkt**

TOP 10 Dalmatien für wenig Geld

1 Charterflüge
Während der Saison gibt es von vielen Flughäfen aus Charterflüge nach Dalmatien. Fragen Sie im Reisebüro nach oder informieren Sie sich im Internet, z. B. bei Charterfluege.net. *www.charterfluege.net*

2 Günstige Flüge
Die Billigfluggesellschaften Ryanair, EasyJet und Germanwings fliegen direkt nach Kroatien. Sie können auch nach Bari oder Ancona fliegen und von dort mit einer Fähre *(siehe S. 103)* nach Split, Hvar oder Dubrovnik übersetzen. *www.ryanair.com* • *www.easyjet.com* • *www.germanwings.com*

3 Pauschalreisen
Die Kroatische Zentrale für Tourismus hat eine Liste mit Reisebüros, die Pauschalreisen nach Dalmatien organisieren. Eine Pauschalreise ist oft günstiger als die Summe der Normalpreise für Flug und Hotel, besonders, wenn man erst kurz vor Reiseantritt bucht. *Kroatische Zentrale für Tourismus: www.croatia.hr*

4 Unterkunft
Buchen Sie früh, vergleichen Sie die Preise im Internet und fragen Sie direkt telefonisch nach. Zusätzliche Betten werden in der Regel gegen Aufpreis bereitgestellt. Kundenwerber an Busbahnhöfen oder Fährhäfen bieten häufig preiswerte Privatzimmer an – sehen Sie sich das Zimmer erst an, bevor Sie zusagen. Privatzimmer sollten Sie für mindestens drei Übernachtungen buchen, da bei kürzeren Aufenthalten oft ein Aufschlag von 30 Prozent berechnet wird. Örtliche Reisebüros können ebenfalls preisgünstige Zimmer oder Ferienwohnungen vermitteln.

5 Nebensaison
In den meisten Hotels sind die Preise von der Saison abhängig: Von Juni bis September sind sie am höchsten, in April, Mai und Oktober etwas niedriger. Die absolut günstigsten Monate für Reisen nach Dubrovnik sind November und März.

6 Verpflegung
Selbstversorger können in einer Unterkunft mit Kühlschrank und Herd viel Geld für die Verpflegung sparen. Zahlreiche Campingplätze sind ebenfalls für Selbstversorger ausgestattet. Kleine Läden und Märkte sind in der Regel preiswerter als Supermärkte. Die Lokale in der Region haben meist ein gutes Preis-Leistungs-Verhältnis.

7 Märkte
Auf den Märkten der Urlaubsregionen bekommen Sie nicht nur frisches Obst, Fisch und andere Lebensmittel, sondern auch Kleidung, Lederwaren oder einen leckeren Imbiss. Auf Märkten gibt es außerdem Mitbringsel wie Honig, alkolholische Getränke und Olivenöl.

8 Transport
Tickets für Fernbusse und Fährpassagen ohne Auto sind relativ günstig. Für Familien und größere Gruppen können die Annehmlichkeiten eines Mietwagens *(siehe S. 103)* wichtiger sein als die Einsparungen, die man durch ein Gruppenticket erzielt. Kaufen Sie Busfahrkarten stets im Voraus, beim Fahrer sind sie oft teurer.

9 Inlandsflüge
Flüge von Zagreb nach Split, Dubrovnik, Zadar oder auf die Insel Brač (nur in der Hauptsaison) sparen Zeit. Ermäßigte Flüge kann man direkt bei der kroatischen Fluggesellschaft Croatia Airlines buchen. *www.croatiaairlines.hr*

10 Dubrovnik Card & Split Card
Die Dubrovnik Card für einen, drei und sieben Tage (130–220 Kuna) ermöglicht den freien Eintritt zu acht Sehenswürdigkeiten sowie die kostenlose Nutzung von öffentlichen Verkehrsmitteln. Wer die Karte online kauft, erhält zehn Prozent Nachlass. Die 72 Stunden gültige Split Card kostet fünf Euro und ist bei einem Aufenthalt in Split von drei oder mehr Tagen sogar kostenlos. Mit ihr ist der Besuch von fünf Museen und Sammlungen gratis. *www.dubrovnikcard.com* • *www.visitsplit.com/en/407/split-card*

Preiswerte Hotels **siehe S. 116f**

Links **Bebilderte Speisekarten** Rechts **In der Altstadt**

Top 10 Vorsicht!

1 Kreuzfahrtschiffe

Wenn ein oder sogar mehrere Kreuzfahrtschiffe in Dubrovnik oder Split vor Anker gegangen sind, sind die beiden Städte völlig überlaufen. Entspannen Sie dann besser im Hotel oder am Strand oder besichtigen Sie Sehenswürdigkeiten außerhalb der Stadtzentren. Sobald die Schiffe in der Nacht abgelegt haben, sind die Besuchermassen verschwunden. Tische im Café und Museumstickets sind dann leichter zu ergattern.

2 Touristenlokale

Meiden Sie Restaurants mit Fotospeisekarten und Personal, das Sie von der Straße in das Lokal zu locken versucht – dies sind untrügliche Zeichen dafür, dass Einheimische hier nicht essen. Da man in der Regel nicht erwartet, dass Sie wiederkommen, wird das Essen entsprechend schmecken. Die Einwohner Dalmatiens essen nur selten auswärts, außer zu geschäftlichen oder besonderen Anlässen.

3 Adria-Küstenstraße

Die Jadranska Magistrala (Adriatische Küstenstraße) kann zwischen Juni und September ein Albtraum sein. Busse, Lastwagen, langsam fahrende Urlauber und Einheimische in Eile sorgen auf der zweispurigen Straße für Staus und Unfälle. Besserung bringen die neue Autobahn, die Zadar, Šibenik und Split mit Zagreb verbindet, sowie der Ausbau der Küstenstraße, die jedoch dennoch gefährlich und stark befahren bleibt.

4 Autofahren in Altstädten

Große Teile der Altstädte sind Fußgängerzonen. Ortsunkundige Autofahrer verlieren schnell die Orientierung und landen z. B. in einer schmalen Sackgasse ohne Wendemöglichkeit. Vermeiden Sie diesen Stress und parken Sie besser auf einem Parkplatz am Rand der Altstadt. Die historischen Viertel kann man sehr gut zu Fuß besichtigen.

5 Gespräche über Politik

Ganz Ex-Jugoslawien wurde schwer vom Krieg gezeichnet, viele Menschen reagieren noch sehr emotional. Sie werden kaum Freunde gewinnen, wenn Sie ein Gespräch über die Kriegserfahrungen der Einheimischen beginnen und über Richtig und Falsch debattieren wollen. Ein echtes Interesse an den Ereignissen wird dagegen authentische, oft auch schreckliche Geschichten ans Tageslicht bringen.

6 Sprachfallen

Für ungeübte Ohren klingt Kroatisch ähnlich wie die slawischen Sprachen der Nachbarländer, besonders wie Slowenisch und Serbisch. Auch wenn Sie diese verstehen, mögen es die Kroaten nicht, wenn Sie slowenische oder serbische Wörter einfließen lassen. Achten Sie z. B. darauf, für »bitte« das kroatische *molim* und nicht das slowenische *prosim* zu verwenden.

7 Sonne

Wegen der kühlen See- und Bergwinde kann man die Kraft der Sonne leicht unterschätzen. Ein starker Sonnenbrand kann ärztliche Behandlung erfordern und so die Reise ruinieren. Treffen Sie daher so weit wie möglich entsprechende Vorsichtsmaßnahmen *(siehe S. 104)*.

8 Museen an Montagen

Nicht alle Museen öffnen an jedem Wochentag ihre Türen für Besucher. Manche Einrichtungen bleiben montags geschlossen.

9 Schulkinder

Im April scheinen sich alle Schüler Kroatiens in den Urlauberzentren zu treffen. Dubrovnik ist hierfür ein besonders beliebter Ort. Die Jugendlichen sind nicht unfreundlich, nehmen aber oft den gesamten Raum in einem Museum, einer Kirche oder auf Ihren Fotos ein.

10 Taschendiebe

Die Kriminalitätsrate in Dalmatien ist niedrig *(siehe S. 104)*, Diebstahldelikte nehmen allerdings zu. Achten Sie – wie überall auf der Welt – auf Ihre Wertsachen.

Sicherheit & Gesundheit **siehe S. 104**

Blick vom Excelsior Hotel in Dubrovnik *(siehe S. 110)*

TOP 10 Hotel-Tipps

1 Preis & Lage
Mit der Nähe zur Altstadt steigen die Zimmerpreise der Hotels. In Split und Dubrovnik sind die historischen Viertel sehr gut mit öffentlichen Verkehrsmitteln erreichbar. Dort können Sie die günstigen Hotelpreise in den Randbezirken nutzen.

2 Zimmer mit Aussicht
In Dalmatien bieten unzählige Hotels Meerblick. Zimmer mit Aussicht sind meist etwas teurer, lohnen allerdings den Aufschlag – vor allem, wenn die Alternative der Blick auf einen Parkplatz ist. Geben Sie bereits bei der Buchung an, dass Sie ein Zimmer mit Meerblick wünschen.

3 Lärm meiden
In der Hauptsaison kann es um die Hotels in der Nähe von Cafés und Bars ziemlich laut werden, da aus vielen Lokalen bis in die frühen Morgenstunden Musik schallt. Erkundigen Sie sich bei der Buchung nach Lärmquellen in der Umgebung.

4 Hotelkategorien
Das Hotelangebot in Kroatien reicht von Häusern mit einem Stern bis hin zu Hotels mit fünf Sternen. In Hotels, die mit einem oder zwei Sternen ausgezeichnet sind, müssen sich die Gäste oft ein Bad teilen. Die Hotelklassifizierung gilt weitgehend auch für Privatunterkünfte. Derzeit existiert ein Programm, das alle Hotels in Dalmatien mindestens auf ein Drei-Sterne-Niveau anheben soll.

5 Leuchttürme
Für den besonderen Urlaub können Sie einen von elf historischen Leuchttürmen auf abgelegenen Inseln *(siehe S. 115)* buchen. Wählen Sie den Leuchtturm sorgfältig aus: Veli Rat (Dugi Otok), Struga (Lastovo) und Sv. Petar (auf dem Festland bei Makarska) sind mit öffentlichen Verkehrsmitteln oder dem Auto erreichbar, die anderen nur mit Privatbooten. Die Leuchttürme werden in der Regel für eine Woche, zwischen Mitte September und Anfang Mai auch für zwei Tage vermietet. Weitere Informationen erhalten Sie bei Plovput. *www.plovput.hr • www.lighthouses-croatia.com*

6 Urlaub auf dem Bauernhof
Wer Urlaub auf dem Bauernhof verbringen möchte, trifft in Dalmatien auf ein langsam, aber stetig wachsendes Angebot. In der Region Šibenik-Knin, in der Umgebung des Nationalparks Krka, vermieten einige Bauern Unterkünfte. Die Zimmer sind meist einfach und sauber. Die Preise sind mit denen der Privatzimmer an der Küste vergleichbar.

7 Kinder
Landesweit agierende Reisebüros und solche vor Ort vermitteln Unterkünfte, die für Familien geeignet sind *(siehe S. 116f)*. Die meisten Hotels stellen gegen Aufpreis Kinderbetten zur Verfügung.

8 Hauptsaison
Zwischen Juni und September sind Hotels, Apartments, Zimmer und Zeltplätze begehrt und am teuersten. Zum Teil werden die Preise zwischen Juli und August nochmals erhöht. In den Monaten April und Oktober sind Unterkünfte einfacher, günstiger und oft sogar ohne Reservierung zu haben. Von November bis März sind die Preise besonders niedrig *(siehe S. 107)*. Viele Hotels und Campingplätze sind in dieser Zeit jedoch geschlossen.

9 Internet-Buchung
Im Internet kann man sich gut über das Hotelangebot informieren – u. a. anhand von Bildern und Gastkommentaren – und Preise vergleichen. Einige Hotels und Reiseportale bieten Ermäßigungen an – besonders, wenn in der Saison noch Zimmer frei sind.

10 Frühstück, Halb- & Vollpension
Frühstück ist meist im Zimmerpreis enthalten. Teure Hotels bieten oft Halb-, seltener Vollpension an. In den vielen guten, preiswerten Lokalen Dalmatiens kann man es sich leisten, auch einmal außerhalb des Hotels zu essen.

Urlaub mit Kindern in Dalmatien **siehe S. 52f & S. 102**

Links **Swimmingpool der Grand Villa Argentina** Rechts **Zimmer im Dubrovnik President**

TOP 10 Hotels in Dubrovnik

1 Excelsior Hotel & Spa

Das nach Meinung vieler Insider beste Hotel in Dubrovnik bleibt durch stetige Verbesserungen der Konkurrenz immer einen Schritt voraus. Die Lage des Hotels ist herrlich, die meisten Zimmer bieten Blick auf die Altstadt. ✆ *Frana Supila 12 • Karte M5 • 020 430 830 • www.hotel-excelsior.hr • KKKKK*

2 Dubrovnik Palace

Im großen und luxuriösen Hotel mit Spa auf der Halbinsel Lapad haben alle Zimmer Balkon und Meerblick. Es gibt ein Hallenbad und einen Swimmingpool im Freien. ✆ *Masarykov Put 20 • Karte K4 • 020 430 830 • www.dubrovnikpalace.hr • Dez–Feb geschl. • KKKKK*

3 Grand Villa Argentina

Das nach einer Renovierung mit fünf Sternen ausgezeichnete Hotel in Ploče (direkt östlich des gleichnamigen Tors) vermietet Zimmer im Haupthaus oder in einer der vier Villen. Von den Zimmern mit Meerblick sieht man auch die Altstadt. ✆ *Frana Supila 14 • Karte M5 • 020 430 830 • www.gva.hr • KKKKK*

4 Hilton Imperial Dubrovnik

Das Hotel mit 147 gut ausgestatteten Zimmern und Suiten bietet modernen Komfort, historisches Ambiente und ein exzellentes Freizeitangebot. Den Gästen stehen außerdem ein À-la-carte-Restaurant, ein Hallenbad und ein Fitnessraum zur Verfügung. ✆ *Marijana Blažića 2 • Karte G5 • 020 320 320 • www.dubrovnik.hilton.com • KKKKK*

5 Hotel Dubrovnik

Das kleine Hotel mit 22 einfachen Zimmern und vier Suiten besitzt eine hübsche Café-Bar. Das Dubrovnik ist eine nette Abwechslung zu den großen Hotels auf der Halbinsel Lapad. ✆ *Šetalište Kralja Zvonimira 16 • Karte L4 • 020 435 030 • www.hoteldubrovnik.hr • Nov–März geschl.• KK*

6 Bellevue

Das luxuriöse Fünf-Sterne-Hotel oberhalb der schönen Miramare-Bucht ist zu Fuß 15 Minuten von der Altstadt entfernt. Das mediterrane Innere wird von Olivenholz und grauem Granit bestimmt. Zum Hotel gehört ein Privatstrand. ✆ *Pera Čingrije 7 • Karte L4 • 020 430 830 • www.hotel-bellevue.hr • KKKKK*

7 Uvala

Das stilvolle Hotel auf der Halbinsel Lapad besitzt ein Hallenbad, einen Swimmingpool im Freien, ein Wellness-Center sowie eigene Parkplätze und Konferenzeinrichtungen. In allen 51 Zimmern herrschen die Farben Weiß und Beige vor. Zum Teil hat man von den Zimmern einen Blick aufs Meer. ✆ *Masarykov Put 6 • Karte L4 • 020 433 580 • www.dubrovnikhotels.travel • Nov–März geschl. • KKKKK*

8 Kompas

Das Kompas ist ein etwas preiswerteres Drei-Sterne-Hotel am Strand der Bucht von Uvala. Die Zimmer haben Balkon und Meerblick. ✆ *Šetalište Kralja Zvonimira 56 • Karte L4 • 020 430 830 • www.hotel-kompas.hr • KKK*

9 Dubrovnik President

Der Betonbau wirkt nicht besonders einladend, alle Zimmer sind jedoch gut ausgestattet und bieten vom Balkon aus einen schönen Blick auf die Elaphitischen Inseln. Weitere Pluspunkte des zur Hotelgruppe Valamar gehörenden Hauses sind der Privatstrand, ein Hallenbad, verschiedene Sporteinrichtungen und die Nähe zum Copacabana Beach *(siehe S. 66)*. ✆ *Iva Dulčića 142 • Karte K4 • 020 441 100 • www.valamar.com/dubrovnik-hotel-president • Nov–März geschl.• KKKK*

10 Lero

Das preiswerte Lero ist nur 15 Gehminuten von der Altstadt entfernt. Es liegt nahe am Strand. Viele der einfachen Zimmer haben Meerblick. Es gibt einen Pool, ein Spa und kostenloses WLAN für alle Gäste. ✆ *Put Iva Vojnovića 14 • Karte L4 • 020 341 333 • www.hotel-lero.hr • Nov–März geschl.• KK*

Mehr zur Halbinsel Lapad **siehe S. 66;**
weitere Hotels in Dubrovnik **siehe S. 114 & S. 116**

Jadran, Šibenik

Preiskategorien		
Preis für ein Standard-Doppelzimmer pro Nacht mit Frühstück (falls inklusive), Steuern und Service.	**K**	unter 500 K
	KK	500–1000 K
	KKK	1000–1300 K
	KKKK	1300–1800 K
	KKKKK	über 1800 K

Top 10 Hotels in Nord-Dalmatien

1 Biser, Pag

Der kleine Familienbetrieb liegt etwa zwei Kilometer außerhalb des Zentrums von Pag-Stadt. Einige der 18 Zimmer bieten einen schönen Blick über die Bucht und auf das Velebit-Gebirge. Parkplatz, Restaurant, Tennisplätze und ein Privatstrand in einer hübschen Bucht machen das Biser zu einem idealen Hotel für Familien. *Antuna Gustava Matoša 8 • Karte A2 • 023 611 333 • www.hotel-biser.com • KK*

2 Pagus, Pag

Das Hotel in einem wunderbaren Viertel nordwestlich von Pag-Stadt vermietet einfache Zimmer, die meisten mit Balkon und Meerblick. *Ante Starčevića 1 • Karte A2 • 023 611 310 • www.coning-turizam.hr • Mitte Okt–Apr geschl. • KK*

3 Bluesun Hotel Alan, Starigrad Paklenica

Das Alan befindet sich in einem wenig attraktiven Hochhaus. Die Zimmer mit bis zu sechs Betten entsprechen Drei-Sterne-Standard. Zeltplatz, Restaurant, Café, Pool und Strandnähe machen es für Familien attraktiv. *Dr. Franje Tuđmana 14 • Karte B2 • 023 209 050 • www.hotel-alan.hr • Nov–Mitte März geschl. • KK*

4 Vicko, Starigrad Paklenica

Der charmante Familienbetrieb bietet neben Drei-Sterne-Unterkünften auch ein paar Vier-Sterne-Zimmer mit Meerblick und ein sehr gutes Terrassenrestaurant. Gönnen Sie sich eine der Suiten mit Balkon zum Meer und Blick auf die Paklenica-Berge in der Villa Vicko. *Jose Dokoze 20 • Karte B2 • 023 369 304 • www.hotel-vicko.hr • KKK*

5 Mediteran, Zadar

Das Drei-Sterne-Hotel bietet 30 geräumige Zimmer, ein gutes Restaurant und kostenloses WLAN. Das Hotel liegt in der Nähe des Strands von Borik, etwa 40 Gehminuten außerhalb der Altstadt Zadar (Busverbindung möglich). *Matije Gupka 19 • Karte B3 • 023 337 500 • www.hotelmediteran-zd.hr • KKK*

6 Skradinski Buk, Skradin

Das schöne Hotel bietet 29 einfache, aber komfortable Zimmer (sechs davon mit Balkon), in die gelbe Bettbezüge und Poster etwas Farbe bringen. Alle Zimmer verfügen über Minibar, Satelliten-TV und Internet-Zugang. *Burinovac bb • Karte C4 • 022 771 771 • www.skradinskibuk.hr • KK*

7 Pansion Maria, Zadar

Die familiengeführte Pension bietet zwölf Zimmer, alle mit Balkon, Dusche und TV, sowie kostenloses WLAN. Das reichhaltige Frühstück wird auf der Terrasse serviert. In 20 Gehminuten erreicht man die Altstadt und den Hafen von Zadar. *Put Petrića 24 • Karte B3 • 023 334 244 • www.pansionmaria.hr • Nov–März geschl. • K*

8 Jadran, Šibenik

Das einzige Hotel im Zentrum von Šibenik bietet seit einer Renovierung helle, moderne und komfortable Zimmer. Weitere Vorzüge sind ein nettes Straßencafé, ein Privatparkplatz und Zimmer mit Minibar und Meerblick. *Obala Dr. Franje Tuđmana 52 • Karte C4 • 022 242 000 • www.rivijera.hr • KK*

9 Panorama, Šibenik

Das eindrucksvolle Panorama ist der Hauptgrund, weshalb man in diesem Hotel ein Zimmer buchen sollte: Aus einigen Zimmern können Gäste sowohl den Blick auf die Altstadt als auch die Aussicht auf die Inseln genießen. *Šibenski Most 1 • Karte C4 • 022 213 398 • www.hotel-panorama.hr • Dez–Jan geschl. • KK*

10 Villa Koša, Primošten

Die 15 individuell gestalteten Einheiten dieses Aparthotels variieren in der Größe und sind mit zwei bis sechs Betten ausgestattet. Sie bieten meist Balkon, Meerblick und Kochnischen. Frühstück und Klimaanlage werden extra berechnet. *Bana Josipa Jelačića 4 • Karte C4 • 022 570 365 • www.villa-kosa.htnet.hr • KK*

Wenn nicht anders angegeben, akzeptieren alle Hotels Kreditkarten und bieten Zimmer mit Bad und Klimaanlage.

Links **Slavija, Split** Rechts **San Giorgio, Vis-Stadt**

TOP 10 Hotels in Zentral-Dalmatien

1 Slavija, Split
Das Drei-Sterne-Hotel direkt im Diokletianpalast hat schöne Zimmer, viele mit Terrasse (die Zimmer 404 und 405 sind besonders schön) oder Balkon. Es gibt auch Familienräume mit bis zu fünf Betten. *Buvinina 2 • Karte P2 • 021 323 840 • www.hotelslavija.hr • KKK*

2 Park, Split
Das Park galt lange als das beste Hotel in Split. Es liegt an der Küste bei Bačvice, hat komfortable, moderne Zimmer, sehr freundliches Personal und ein nettes Restaurant mit einer von Palmen gesäumten, zum Meer gerichteten Terrasse. *Hatzeov Perivoj 3 • Karte Q6 • 021 406 400 • www.hotelpark-split.hr • KKKK*

3 Radisson Blu Resort, Split
Das Hotel liegt 3,5 Kilometer östlich der Altstadt von Split und verfügt über 189 schöne, moderne Zimmer, einen Pool und ein luxuriöses Spa. Es liegt nahe an einem hübschen Kiesstrand. *Put Trstenika 19 • Karte D5 • 021 303 030 • www.radissonblu.com/resort-split • KKKK*

4 Marmont, Split
Dieses Vier-Sterne-Hotel empfängt seine Gäste in einem alten Palast aus dem 15. Jahrhundert mitten in der Altstadt von Split. Es gibt 21 Zimmer mit moderner Einrichtung und schwarzen Marmorbädern sowie eine Präsidentensuite. *Zadarska 13 • Karte D5 • 021 308 060 • www.marmonthotel.com • KKKK*

5 Villa Carrara, Trogir
Die nette Pension in der Altstadt von Trogir – sie zählt zum Welterbe der UNESCO – hat ihre acht Zimmer mit Antiquitäten eingerichtet. Im kleinen Frühstücksraum sitzt man auf hübschen Stühlen mit schmiedeeisernen Verzierungen. *Gradska 15 • Karte D5 • 021 881 075 • www.villa-carrara.com • KK*

6 Vila Sikaa, Čiovo
Das Boutiquehotel in Familienbesitz bietet zehn modern eingerichtete Zimmer und Suiten, teilweise mit herrlichem Blick auf die Altstadt von Trogir. In den Zimmern stehen Minibar und Internet-Zugang zur Verfügung. Ein Doppelzimmer ist mit einem Jacuzzi ausgestattet. *Obala Kralja Zvonimira 13 • Karte D5 • 021 798 240 • www.vila-sikaa-r.com • KK*

7 San Giorgio, Vis-Stadt
Dieser kleine Familienbetrieb befindet sich im historischen Stadtviertel Kut. Die meisten Stammgäste sind besonders von der Steinfassade, den geräumigen Zimmern (manche bieten Meerblick), der ruhigen Umgebung und dem hervorragenden Fischrestaurant angetan. *Petra Hektorovića 2 • Karte D6 • 021 711 362 • www.hotelsangiorgiovis.com • Nov–März geschl. KKK*

8 Amfora, Hvar-Stadt
Die Pluspunkte von Hvars größtem Hotel sind das Empfangspersonal, schöne Zimmer mit Blick auf die Pakleni-Inseln *(siehe S. 84)* und Sporteinrichtungen wie ein großes Hallenbad. Das Hotel ist eines der wenigen ganzjährig geöffneten in Hvar-Stadt. *Majerovica bb • Karte D6 • 021 750 300 • www.suncanihvar.com • KKKK*

9 Palace, Hvar-Stadt
Das gut ausgestattete Drei-Sterne-Hotel befindet sich in einer venezianischen Villa im Zentrum von Hvar-Stadt. Von der Terrasse kann man das alltägliche Treiben und die Yachten im Hafen beobachten. *Trg Sv Stjepana bb • Karte D6 • 021 741 966 • www.suncanihvar.com • KKK*

10 Blue Sun Elaphusa, Brač
Dieses moderne Vier-Sterne-Hotel verfügt über 300 Zimmer und sechs Suiten. Zum Strand von Zlatni Rat geht man nur fünf Minuten. Für Gäste gibt es Sport- und Fitnessangebote, ein luxuriöses Spa und ein Wellness-Center. *Put Zlatnog Rata 46, Bol • Karte E5 • 021 306 200 • www.hotelelaphusabrac.com • Nov–März geschl. • KKK*

Weitere Unterkünfte in Zentral- & Süd-Dalmatien **siehe S. 114f**

Liburna, Korčula-Stadt

Preiskategorien

Preis für ein Standard-Doppelzimmer pro Nacht mit Frühstück (falls inklusive), Steuern und Service.

K	unter 500 K
KK	500–1000 K
KKK	1000–1300 K
KKKK	1300–1800 K
KKKKK	über 1800 K

TOP 10 Hotels in Süd-Dalmatien

1 Liburna, Korčula-Stadt

Das Drei-Sterne-Hotel bietet einen Pool im Freien, Tennisplätze, Minigolf, Wassersportmöglichkeiten, Fahrradverleih und einen Parkplatz. Die Zimmer mit Blick auf die Altstadt sind den Aufpreis von zehn Prozent wert. *Put od Luke 17 • Karte H1 • 020 726 006 • www.korcula-hotels.com • ohne Klimaanlage • Nov–März geschl. • KKK*

2 Hotel Korsal, Korčula-Stadt

Direkt am Meer und nur zehn Gehminuten in die Altstadt – das beschreibt die Lage des Vier-Sterne-Hotels mit nur zehn Zimmern. Alle Zimmer sind in den Farben Grün und Gelb gestaltet. Das Hotelrestaurant hat eine Terrasse am Meer. *Šetalište Frana Kršinića 80 • Karte H1 • 020 715 722 • www.hotel-korsal.com • Nov–März geschl. • KKK*

3 Ostrea, Mali Ston

Das kleine Hotel der Familie Kralj liegt zwischen dem Meer und den Pelješac-Hügeln. Die nackten Mauern der geschmackvollen Zimmer und Suiten sind mit moderner Kunst geschmückt. *Mali Ston • Karte K2 • 020 754 555 • www.ostrea.hr • KK*

4 Hotel Marko Polo, Korčula-Stadt

Dieses Vier-Sterne-Hotel punktet mit schönen Ausblicken auf den Hafen und die Altstadt von Korčula sowie mit Meerblick. Es gibt 103 Zimmer, einen Pool, ein Wellness-Center und einen kleinen Kiesstrand. *Put od Luke 17b • Karte H1 • 020 726 100 • www.korcula-hotels.com • Nov–März geschl. • KKKK*

5 Grand Hotel, Orebić

Dieses große, moderne Hotel ist zehn Gehminuten von Orebić entfernt. Das Hotel hat einen Pool und einen schönen Kiesstrand. Auf der Hotelrückseite steht ein Pinienwald. *Kralja Petra Krešimira IV 107 • Karte H1 • 020 798 000 • www.grandhotelorebic.com • Nov–März geschl. • KKK*

6 Villa Antonio, Orebić

Das etwas kitschige Hotel im Burgstil, mit 28 Zimmern, einem Apartment, einer Bar und einem Restaurant, steht in üppigem Grün auf der Halbinsel Pelješac. Terrasse und Balkone bieten einen grandiosen Blick auf das Land und das Meer. *Postup, Halbinsel Pelješac • Karte H1 • 020 713 464 • www.castle-antonio.net • KK*

7 Croatia, Cavtat

Das Croatia bietet alles, was man von einem Fünf-Sterne-Hotel erwartet, u.a. große Zimmer mit Balkon (viele davon mit Meerblick) und Bad, ein Fitness-Center, Sporteinrichtungen, einen Privatstrand, ein Hallenbad, einen Pool im Freien sowie ein Becken für Kinder. *Frankopanska 10 • Karte L3 • 020 430 830 • www.hotelcroatia.hr • Nov–März geschl. • KKKK*

8 Hotel Villa Pattiera, Cavtat

In dieser Villa wurde 1890 der kroatische Tenor Tino Pattiera geboren. Vom heutigen Boutiquehotel hat man einen schönen Blick über den Hafen. Zwölf schicke Zimmer stehen zur Verfügung, alle mit Balkon oder Terrasse. Das exzellente Restaurant Dalmacija hat auch Tische im Freien. *Trumbićevik put 9 • Karte L3 • 020 478 800 • www.villa-pattiera.hr • Nov–März geschl. • KKKK*

9 Hotel Major, Cavtat

Dieses Hotel liegt vier Kilometer außerhalb der Stadt auf einem Hügel. Es gibt fünf helle geräumige Zimmer, ein Spitzenrestaurant, das bei Gästen wie Einheimischen sehr beliebt ist. *Uskoplje bb • Karte L3 • 020 773 600 • www.hrmajor.hr • KKK*

10 Villa Neretva, Metković

Das Restaurant am Meer, mitten im Neretva-Delta *(siehe S. 91)*, bietet komfortable Zimmer. Von hier aus kann man die Wasserlandschaft gut erkunden. Für Gäste stehen Boote zur Verfügung. *Splitska 14 • Karte J1 • 020 672 200 • www.hotel-villa-neretva.com • K*

Wenn nicht anders angegeben, akzeptieren alle Hotels Kreditkarten und bieten Zimmer mit Bad und Klimaanlage.

Links **Peristil, Split** Rechts **Villa Dubrovnik, Dubrovnik**

Top 10 Hotels mit Charme

1 Pucić Palace, Dubrovnik

Der renovierte Renaissancepalast ist von klassischer Eleganz und Geschichte durchdrungen und das einzige Luxushotel innerhalb der alten Stadtmauern. *Od Puča 1 • Karte J5 • 020 326 222 • www.thepucicpalace.com • KKKKK*

2 Lešić Dimitri Palace, Korčula

Die sechs Residenzen dieses noblen Boutique-Aparthotels befinden sich in mittelalterlichen Gemäuern. Die Zimmer sind chic und modern eingerichtet. Den Gästen stehen Privatboote, ein Luxusrestaurant und Thai-Massagen zu Verfügung. *Don Pavla Pose 1–6 • Karte H1 • 020 715 560 • www.lesic-dimitri.com • Nov–März geschl. KKKKK*

3 Villa Wolff, Dubrovnik

Das Boutiquehotel verfügt über sechs angenehme Zimmer, aufmerksamen Service, ein Restaurant mit Meerblick und einen schönen Garten. *Nika I Meda Pučića 1 • Karte L4 • 020 438 710 • www.villa-wolff.hr • KKKK*

4 Villa Dubrovnik, Dubrovnik

Die ruhige und luxuriöse Zuflucht liegt etwas abseits vom Gedränge der Altstadt in einer grünen Oase. Die komfortablen Zimmer haben Balkon und Blick auf Meer und Stadt. Der Shuttle-Service mit einem Boot zum Alten Hafen wird von Gästen gern genutzt. *Vlaha Bukovca 6 • Karte M5 • 020 500 300 • www.villa-dubrovnik.hr • KKKKK*

5 Stari Grad Hotel, Dubrovnik

Das preiswertere der beiden Hotels in der Altstadt hat acht Zimmer und liegt etwas versteckt in einer engen Nebenstraße des Stradun. Seit einer Renovierung bietet es modernen Luxus auf höchstem Niveau. Von der Dachterrasse hat man einen schönen Blick auf Altstadt und Adria. *Od Sigurate 4 • Karte H5 • 020 322 244 • www.hotelstarigrad.com • KKKKK*

6 Hotel Bastion, Zadar

Dies ist das einzige Hotel in Zadars autofreiem Zentrum. Das Vier-Sterne-Boutiquehotel verwöhnt seine Gäste in einem Wellness-Center mit Sauna, Massagen und Beauty-Kuren. *Bedemi Zadarskih Pobuna 13 • Karte B3 • 023 494 950 • www.hotel-bastion.hr • KKKK*

7 Bračka Perla, Brač

Dieses Vier-Sterne-Aparthotel mit Swimmingpool befindet sich inmitten grüner Gärten. Die mediterran gestaltete Villa verfügt über sechs wunderschön eingerichtete Suiten mit Meerblick sowie über fünf Dreibettzimmer. *Put Vele Luke 53 • Karte E5 • 021 755 530 • www.perlacroatia.com • Nov–März geschl. • KKK*

8 Palača Dešković, Pučišća, Brač

Das edle Hotel liegt ein wenig versteckt am nördlichen Strand von Brač in einem Palast (15. Jh.). Zum Hotel gehören Liegeplätze für Yachten, ein Restaurant und ein schöner Hof mit Garten. *Karte E5 • 021 778 240 • www.palaca-deskovic.com • KKK*

9 Peristil, Split

Eines der jüngsten Hotels von Split bietet mitten im Diokletianpalast zwölf individuell gestaltete Zimmer. Die Innenausstattung ist überall hell und elegant. Freundliches Personal rundet das Ambiente ab. Besonders zu empfehlen sind das Zimmer 304 und Zimmer mit Blick auf das Peristyl *(siehe S. 22)*. *Poljana Kraljice Jelene 5 • Karte Q2 • 021 329 070 • www.hotelperistil.com • KK*

10 Riva, Hvar-Stadt

Das ganzjährig geöffnete Vier-Sterne-Hotel in einem schönen Haus an der Marina hat sehr komfortable Zimmer mit Klimaanlage. Versuchen Sie, ein Zimmer mit Balkon und Meerblick zu bekommen. Nebenan befindet sich eine sehr beliebte Bar. *Riva bb • Karte D6 • 021 750 100 • www.suncanihvar.com • Nov–März geschl. • KKKK*

Wenn nicht anders angegeben, akzeptieren alle Hotels Kreditkarten und bieten Zimmer mit Bad und Klimaanlage.

Steinhäuser auf den Kornaten

Preiskategorien

Preis für ein Standard-Doppelzimmer pro Nacht mit Frühstück (falls inklusive), Steuern und Service.	K	unter 500 K
	KK	500–1000 K
	KKK	1000–1300 K
	KKKK	1300–1800 K
	KKKKK	über 1800 K

TOP 10 Unterkünfte auf den Inseln

1 Leuchtturm, Palagruža

Kroatiens abgelegenster Leuchtturm steht auf einer 68 Seemeilen von Split entfernten Insel. 90 Meter über dem Meer haben Gäste einen wunderbaren Blick über die Adria. Von Korčula-Stadt aus werden Überfahrten angeboten. *außerhalb der Karte • www.lighthouses-croatia.com • KKK*

2 Leuchtturm, Host

Den 1873 erbauten Leuchtturm auf einer Insel bei der Vis-Bucht erreicht man per Boot in nur fünf Minuten. Der Turm bietet zwei Doppelzimmer, eine Küche und einen Wohnraum plus einen kleinen Strand. *Karte D6 • www.lighthouses-croatia.com • KK*

3 Leuchtturm Prišnjak, Murter

Der Leuchtturm auf einer Insel vor Murter ist problemlos mit einer Yacht zu erreichen. Zwar fehlt das Gefühl der Abgeschiedenheit, doch die Preise für die Überfahrt sind vernünftig und es können täglich Proviant und Vorräte geliefert werden. *Karte B4 • www.lighthouses-croatia.com • KKK*

4 Leuchtturm Struga, Lastovo

Von Lastovo-Stadt führt eine Straße zu diesem fünf Kilometer entfernten schönen Leuchtturm von 1839. Die Apartments sind für zwei bis fünf Personen ausgelegt. Die Bewohner der abgelegenen Insel werden so gut wie nie von Urlauberscharen gestört. *Struga Cape • Karte G2 • www.lighthouses-croatia.com • KKK*

5 Leuchtturm, Sušac

Der 100 Meter hohe Leuchtturm wurde 1878 aus dalmatinischem Stein erbaut. In ihm befinden sich zwei Apartments für jeweils bis zu vier Personen. Die Aussicht ist herrlich. Auf der unbewohnten Insel findet man garantiert Ruhe. *Karte G2 • www.lighthouses-croatia.com • KKK*

6 Leuchtturm Veli Rat, Dugi Otok

Dieser Leuchtturm ist perfekt für Gäste, die Ruhe suchen, auf Bequemlichkeit allerdings nicht verzichten möchten. Er steht auf Dugi Otok und ist nur rund drei Kilometer von zwei Dörfern entfernt. Nach Veli Rat führt eine Straße. *Karte A3 • www.lighthouses-croatia.com • KKK*

7 Steinhäuser, Kornaten

Mehrere Reisebüros in Murter bieten Unterkünfte in rustikalen Steinhäusern im Nationalpark Kornati an. Auch wenn die Insel nicht völlig unbewohnt ist, fühlen sich viele Gäste ein wenig wie Robinson Crusoe. Sie können vorher vereinbaren, dass Sie alle paar Tage mit Proviant und Vorräten versorgt werden. *Karte B4 • Coronata: www.coronata.hr; Kornat Turist: www.kornatturist.hr; Žut Tours: www.zuttours.hr • keine Kreditkarten • KK*

8 Hotel Odisej, Nationalpark Mljet

Das große Hotel im Nationalpark Mljet hat gute, einfache Zimmer und etwas luxuriösere Apartments im Angebot. Es verfügt über einen Strand, eine Taverne und eine Marina, entscheidend ist aber die fantastische Lage. *Pomena • Karte J2 • 020 430 830 • www.hotelodisej.hr • Okt–Apr geschl. • KK*

9 Hotel Šipan, Šipan

Das Hotel mit 80 Zimmern an einer ruhigen Bucht auf der größten der Elaphitischen Inseln bietet ein Restaurant, eine Bar sowie Strände und einsame Buchten. Dies ist eine gute Zuflucht vom Trubel in Dubrovnik. *Šipanska Luka • Karte K2 • 020 361 901 • www.hotel-sipan.hr • Nov–Apr geschl. • KKK*

10 Hotel Villa Vilina, Lopud

Das Vier-Sterne-Hotel befindet sich neben dem Yachthafen in einer von üppigem Grün umrankten Villa. Es verfügt über zwölf moderne, elegante Zimmer, drei Suiten und einen Pool. Das Restaurant lockt mit einer Terrasse mit Meerblick. *Obala Ivana Kuljevana 5 • Karte K2 • 020 759 333 • www.villa-vilina.hr • KKK*

Die Leuchttürme haben keine Zimmer mit Bad oder Klimaanlage. Für jeden Tag wird ein Siebtel des Wochenpreises berechnet.

Links **Old Town Hostel, Dubrovnik** Rechts **Blick von Green Lizard, Hvar-Stadt**

TOP 10 Preiswerte Hotels

1 Fresh Sheets Hostel, Dubrovnik

Das von einem kanadischen Ehepaar betriebene, bei Backpackern beliebte Hostel mit Schlafsaal bietet großartiges Frühstück, eine Küche und Gratis-WLAN. *Svetog Šimuna • Karte H6 • 091 799 2086 • www.freshsheetshostel.com • Dez–Feb geschl. • K*

2 Old Town Hostel, Dubrovnik

Das Hostel in einem alten Barockhaus hat 27 Betten in vier Schlafsälen sowie drei Doppel- und ein Einzelzimmer. Die weiß getünchten Räume bieten schlichte Holzböden und Stockbetten. Es gibt auch eine Küche und einen Aufenthaltsraum mit TV. *Od Sigurate 7 • Karte H4 • 020 322 007 • www.dubrovnikoldtownhostel.com • ohne Klimaanlage • Dez–Feb geschl. • K*

3 Design Hostel Golly & Bossy, Split

Das Hostel in einem früheren Kaufhaus der Altstadt hat 28 Zimmer vom Doppelzimmer bis zum Achtbettzimmer, alle mit eigenem Bad und Klimaanlage. Es gibt außerdem kostenloses WLAN und ein Restaurant mit Bar. *Morpurgova Poljana 2 • Karte D5 • 021 510 999 • www.gollybossy.com • K*

4 Vila Micika, Dubrovnik

Die typische dalmatinische Villa auf Lapad bietet nur acht einfache Zimmer mit Klimaanlage und Gratis-WLAN an – buchen Sie daher früh. Hinzu kommen Parkplatz und Gemeinschaftsterrasse. *Mate Vodopica 10 • Karte L4 • 020 437 332 • www.vilamicika.hr • ohne Klimaanlage • K*

5 Silver Gate Hostel, Split

Nahe bei *pazar* (Markt) und Diokletianpalast liegt dieses freundliche Hostel mit Stockbetten in klimatisierten Schlafsälen. Es gibt einen Gemeinschaftsraum mit TV und kostenloses WLAN. *Hrvojeva 6 • Karte D5 • 021 322 857 • www.silvergatehostel.com • Nov–Feb geschl. • K*

6 Green Lizard, Hvar-Stadt

Zehn Gehminuten vom Hafen entfernt, auf dem Berg über der Altstadt, erwartet das Green Lizard seine Gäste mit spektakulären Aussichten. Es gibt Gratis-WLAN, mehrere Schlafsäle mit Stockbetten und zwei Doppelzimmer mit Bad. Im Garten wird oft gegrillt. *Domovinskog Rata 13 • Karte D6 • 021 742 560 • www.greenlizard.hr • ohne Klimaanlage • Nov–Apr geschl. • K*

7 Jugendherberge, Zadar

Zadars moderne Jugendherberge im Vorort Borik, fünf Kilometer vom historischen Zentrum entfernt, bietet 253 Betten, eigene Sportplätze, ein Restaurant, eine Bar, einen Konferenzraum und einen WLAN-Bereich. Reservierung ist erforderlich. *Obala Kneza Trpimira 76 • Karte B3 • 023 331 145 • www.hfhs.hr • ohne Klimaanlage • K*

8 Indigo Hostel, Šibenik

Dieses familiengeführte Hostel wurde 2011 im Zentrum von Šibeniks Altstadt eröffnet. Es gibt vier Vierbettzimmer, Meerblick, Gratis-WLAN, Schließfächer und neue Bäder. *Jurja Barakovića 3 • Karte C4 • 022 200 159 • www.hostel-indigo.com • K*

9 Werber für Unterkünfte

Oft werben Einheimische an Bushaltestellen und Fährterminals für private Unterkünfte. Ein Doppelzimmer, das für etwa 200 Kuna angeboten wird, kann eine gute Option sein. Lassen Sie sich unbedingt Fotos und die Lage auf einer Karte zeigen, bevor Sie zusagen – Qualität und Verkehrsanschlüsse variieren stark.

10 Reisebüros vor Ort

Viele Privatunterkünfte werden über Reisebüros angeboten. Wenn Sie an Türen mit dem Schild *sobe* (Zimmer) läuten, werden Sie meist an die zentral gelegenen Büros verwiesen. Wer weniger als drei Tagen bleiben will, wird oft nur ungern bedient – aber man kann verhandeln.

Dalmatien für wenig Geld **siehe S. 107**

Camping Trsteno, Trsteno

Preiskategorien

Preis für ein Standard-Doppelzimmer pro Nacht mit Frühstück (falls inklusive), Steuern und Service.		
	K	unter 500 K
	KK	500–1000 K
	KKK	1000–1300 K
	KKKK	1300–1800 K
	KKKKK	über 1800 K

TOP 10 Selbstversorgung & Camping

1 Camping Solitudo, Dubrovnik

Der am nächsten an der Altstadt von Dubrovnik gelegene Campingplatz ist von dort mit dem Bus in zehn Minuten erreichbar. Er ist 200 Meter vom Strand entfernt, mit Kiefern bewachsen und bietet 393 Plätze, ein anspruchsloses Lokal und einen Pool im Freien. Kinder bis zwölf Jahre erhalten Ermäßigungen. *Vatroslava Lisinskog 17 • Karte L4 • 020 448 249 • www.camping-adriatic.com • Mitte Nov–März geschl. • K*

2 Camping Kalac, Korčula-Stadt

Der Campingplatz liegt etwa zwei Kilometer vom historischen Zentrum von Korčula-Stadt und rund 50 Meter vom Strand entfernt. Er bietet einen Laden, ein Restaurant und Platz für rund 600 Personen. Für Gäste unter zwölf Jahren gibt es Ermäßigungen, Parken kostet jedoch eine Extragebühr. *beim Hotel Bon Repos • Karte H1 • 020 726 693 • www.korcula-hotels.com • Okt–Mai geschl. • K*

3 Camping Trsteno, Trsteno

Der schöne kleine Campingplatz mit Laden und Restaurant liegt in einem Olivenhain oberhalb des Arboretums in Trsteno. Über Treppen gelangt man zum Kiesstrand. *Trsteno • Karte K2 • 020 751 060 • www.trsteno.hr • Mitte Okt–März geschl. • K*

4 Solaris Camping Beach Resort, Šibenik

Der Campingplatz auf einer wunderschönen Halbinsel mit langem Kiesstrand liegt in der Nähe zweier Nationalparks. Die 900 Stellplätze sind durch Hecken getrennt. Die besten Plätze liegen direkt am Wasser. Zu den zahlreichen Einrichtungen gehören auch ein Aquapark und À-la-carte-Restaurants. *Hoteli Solaris 86 • Karte C4 • 022 364 000 • www.campingsolaris.com • Nov–März geschl. • K*

5 Camping Adriatic, Orebić

Für dalmatinische Standards ist dies ein wunderbar kleiner, mit Kiefern und Olivenbäumen bewachsener Campingplatz für nur 40 Zelte oder Wohnmobile. Er liegt etwas abseits von einem Kiesstrand. Man hat einen schönen Blick hinüber nach Korčula. *Mokalo 6 • Karte H1 • 020 714 328 • www.adriatic-mikulic.hr • Okt–März geschl. • K*

6 Suncamp Holidays

Suncamp Holidays vermittelt Campingplätze auf dem Festland und auf den Inseln. Sehr interessant sind die Angebote, z. B. 14 Tage bleiben, elf Tage zahlen. *0711 409 3554 (D) • www.suncamp.de*

7 vip-urlaub.de

Über dieses Unternehmen, das auch die Organisation von Ausflügen übernimmt, können Sie in verschiedenen Regionen sorgfältig ausgewählte Ferienwohnungen zu moderaten Preisen mieten. *0221 2978 9688 (D) • www.vip-urlaub.de*

8 Unterkunft in Kroatien

Das Internet-Portal bietet eine große Auswahl an Zimmern, Ferienwohnungen und Häusern an. Die Unterkünfte befinden sich entweder an der Küste des kroatischen Festlandes oder auf den Inseln. Das Unternehmen stellt den Kontakt zwischen dem Besitzer der Urlaubsunterkunft und dem Interessenten her. *www.unterkunftinkroatien.de*

9 Porta Croatia

Das Mitglied des Vereins Deutscher Ferienhausagenturen (VDFA) hat ein großes Angebot: rund 1100 ausgewählte Objekte an mehr als 30 verschiedenen Orten auf den Inseln, an der Küste und im Binnenland. Viele Unterkünfte bieten einen hohen Standard und verfügen z. B. über einen Pool. *06721 707 883 (D) • www.privaturlaub-kroatien.de*

10 Adria-Apartments

Dieser Anbieter vermittelt Ferienwohnungen und Apartments in unmittelbarer Nähe zum Meer für einen entspannten Urlaub an der kroatischen Küste. *030 993 6398 (D) • www.adriaapartments.de*

Campingplätze in Dalmatien
www.kroatischeadria.de/camping_dalmatien

Textregister

Danksagung & Bildnachweis

Autoren
Robin und Jenny McKelvie aus Schottland haben mehr als 70 Länder bereist und Beiträge für Reiseführer über Kroatien, Lettland, Slowenien und Dubai verfasst.

Unser Dank gilt der Kroatischen Zentrale für Tourismus, besonders Andrea Petrov und Renata Dezeljin in Zagreb sowie Josip Lozić in London. Wir danken außerdem Zrinka Marinović und Nikolina Vicelić von Adriatic Luxury Hotels in Dubrovnik.

Produktion DP Services, Duncan Petersen Publishing Ltd.

Editorial Director Chris Barstow

Designer Ian Midson

Copy Editor Jane Oliver-Jedrzejak

Fact Checker Katarına Bulić

Korrektur Antony Mason

Register Hilary Bird

Bildrecherche Helen Stallion

Fotografien Antony Souter

Zusätzliche Fotografien Lucio Rossi, Leandro Zoppé

Illustrationen Chapel Design & Marketing

Kartografie Mapping Ideas Ltd.

Dorling Kindersley, London

Publisher Douglas Amrine

Publishing Managers Kate Poole, Anna Streiffert

Senior Designer Maite Lantaron

Senior Cartographic Editor Casper Morris

Senior DTP Designer Jason Little

Production Controller Linda Dare

Picture Research Marta Bescos

Redaktions- und Design-Assistenz
Niki Foreman, Jane Foster, Fay Franklin, Lydia Halliday, Bharti Karakoti, Sonal Modha, Claire Naylor, Natasa Novakovic, Susie Peachey

Bildnachweis

l = links; r = rechts; o = oben; u = unten; m = Mitte; d = Detail.

Wir haben uns bemüht, alle Urheber zu nennen. Sollte dies in einzelnen Fällen nicht gelungen sein, bitten wir dies zu entschuldigen. Wir sind gern bereit, fehlende Bildnachweise in künftigen Ausgaben zu ergänzen.

Dorling Kindersley bedankt sich bei folgenden Personen, Institutionen und Bildbibliotheken für die freundliche Genehmigung zur Reproduktion ihrer Fotografien:

Ancient Art and Architecture Collection 25m, 35or.

Alamy Images Jon Arnold 42or, 70–71; 92u, Chris Howes/Wild Places Photography 44ol, Loetscher Chlaus 46or, Robert Mullan 14–15, Eitan Simanor 52m, Duncan Soar 46m, Swerve 55ol.

Aquarius Klub Goran Telak 78u.

Bridgeman Markuskirche, Florenz, Italien, Giraudon/Bridgeman 25u, Crown Estate 35ol, Palazzo Ducale, Venedig, Italien, Cameraphoto Arte Venezia 34or.

Cocktail Bar Tramonto 96om,

Corbis Bettmann 35ur, Matko Biljak/Reuters 54ol, Jonathan Blair 54or, Charles Jean Marc/Sygma 54m, Tim Page 34u.

Green Lizard Hotel 116or.

Nonenina Bar 64or.

Old Town Hostel, Dubrovnik 116ol.

Oliva Pizzeria 68ol.

Rex Features Sipa Press 34ol.

Restaurant Nautika 49ml.

Robert Harding Picture Library
Travel Library 46ol, 56–57.

Vila Koruna Restaurant 48or.

Umschlag
Vorderseite, Rückseite & Buchrücken:
Dorling Kindersley Lucio Rossi (alle)

Extrakarte
Dorling Kindersley Lucio Rossi (alle)

Alle anderen Bilder:
© Dorling Kindersley.
Weitere Informationen unter
www.dkimages.com

Sprachführer Kroatisch

Aussprache

c – »tz« wie in Katze
ć – »tch« wie in Brötchen
j – »j« wie in ja
š – »sch« wie in Schuh
č – »tsch« wie Matsch
đ – sehr weiches »dj«
ž – wie das französische »J« etwa in Jacques

Im Notfall

Hilfe!	**Pomoć!**
Halt!	**Stani!**
Rufen Sie einen Arzt!	**Zovite doktora!**
Rufen Sie einen Krankenwagen!	**Zovite hitnu pomoć!**
Rufen Sie die Polizei!	**Zovite policiju!**
Rufen Sie die Feuerwehr!	**Zovite vatrogasce!**

Grundwortschatz

Ja	**da**
Nein	**ne**
Bitte	**molim vas**
Danke	**hvala**
Entschuldigen Sie, bitte	**oprostite**
Guten Tag	**dobar dan**
Auf Wiedersehen	**doviđenja**
Gute Nacht	**laku noć**
gestern	**jučer**
heute	**danas**
morgen	**sutra**
hier	**tu**
dort	**tamo**
Was?	**što?**
Wann?	**kada?**
Warum?	**zašto?**
Wo?	**gdje?**

Nützliche Redewendungen

Wie geht es Ihnen?	**Kako ste?**
Sehr gut, danke.	**Dobro, hvala.**
Wo ist/sind …?	**Gdje je/su?**
Wie komme ich zu …?	**Kako mogu doći do…?**
Sprechen Sie Deutsch?	**Govorite li njemački?**
Ich verstehe nicht.	**Ne razumijem.**
Könnten Sie bitte etwas langsamer sprechen?	**Molim vas, možete li govoriti sporije?**
Entschuldigung	**Žao mi je**

Nützliche Wörter

groß	**veliko**
klein	**malo**
heiß	**vruć**
kalt	**hladan**
gut	**dobar**
schlecht	**loš**
geöffnet/offen	**otvoreno**
geschlossen	**zatvoreno**
links	**lijevo**
rechts	**desno**
geradeaus	**ravno**
in der Nähe	**blizu**
weit/entfernt	**daleko**
oben	**gore**
unten	**dolje**
früh	**rano**
spät	**kasno**
Eingang	**ulaz**
Ausgang	**izlaz**
Toilette	**WC**
mehr	**više**
weniger	**manje**

Shopping

Wie viel kostet das?	**Koliko ovo košta?**
Ich hätte gern …	**Volio bih…**
Haben Sie …?	**Imate li…?**
Ich sehe mich nur um.	**Samo gledam.**
Nehmen Sie Kreditkarten?	**Primate li kreditne kartice?**
Wann öffnen Sie?	**Kad otvarate?**
Wann schließen Sie?	**Kad zatvarate?**
dieses	**ovaj**
jenes	**onaj**
teuer	**skupo**
preiswert	**jeftino**
Größe (Kleidung)	**veličina**
Größe (Schuhe)	**broj**
weiß	**bijelo**
schwarz	**crno**
rot	**crveno**
gelb	**žuto**
grün	**zeleno**
blau	**plavo**
Apotheke	**apoteka**
Bäckerei	**pekara**
Bank	**banka**
Buchladen	**knjižara**
Fischgeschäft	**ribarnica**
Friseur	**frizer**
Konditorei	**slastičarna**
Markt	**tržnica**
Metzger	**mesnica**
Post	**pošta**
Zeitungs-/Tabakladen	**trafika**

Sehenswürdigkeiten

Kunstgalerie	**galerija umjetnina**
Kathedrale	**katedrala**
Kirche	**crkva**
Bibliothek	**knjižnica**
Museum	**muzej**
Information	**turistički ured**
Bushaltestelle	**autobusni kolodvor**
Bahnhof	**željeznički kolodvor**

Im Hotel

Haben Sie ein Zimmer frei?	**Imate li sobu?**
Doppelzimmer	**dvokrevetna soba**
Einzelzimmer	**jednokrevetna soba**
Zimmer mit Bad	**soba sa kupaonicom**
Dusche	**tuš**
Ich habe reserviert.	**Imam rezervaciju.**

Im Restaurant

Haben Sie einen Tisch für … Personen?	**Imate li stol za…?**
Ich möchten einen Tisch reservieren.	**Želim rezervirati stol.**
Die Rechnung, bitte.	**Molim vas, račun.**
Ich bin Vegetarier.	**Ja sam vegeterijanac.**
Kellner/Kellnerin	**konobar/ konobarica**
Speisekarte	**jelovnik**
Weinkarte	**vinska karta**
Glas	**čaša**
Flasche	**boca**
Messer	**nož**
Gabel	**viljuška**
Löffel	**žlica**
Frühstück	**doručak**
Mittagessen	**ručak**
Abendessen	**večera**
Hauptgericht	**glavno jelo**
Vorspeisen	**predjela**

Auf der Speisekarte

bijela riba	»weißer« Fisch
blitva	Rote Bete
brudet	Fischeintopf
čevapčići	Fleischbällchen
crni rižot	schwarzes Risotto (mit Tintenfisch)
desert	Nachspeise
glavno jelo	Hauptgericht
grah	Bohnen
gulaš	Gulasch
jastog	Hummer
juha	Suppe
kuhano	gekocht
maslinovo ulje	Olivenöl
meso na žaru	gegrilltes Fleisch
miješano meso	Grillteller
na žaru	gegrillt
ocat	Essig
palačinke	Pfannkuchen
papar	Pfeffer
pečeno	gebacken
piletina	Hühnchen
plava riba	gekochter Fisch
predjelo	Vorspeisen
prilog	Beilagen
pršut	Räucherschinken
pržene lignje	gebratener Tintenfisch
prženo	gebraten
ramsteak	Rumpsteak
ražnjići	Kebab aus Schweinefleisch
riba na žaru	gegrillter Fisch
rižot frutti di mare	Meeresfrüchte-Risotto
rižot sa škampima	Scampi-Risotto
salata	Salat
salata od hobotnice	Tintenfischsalat
sarma	Kohlblätter
sir	Käse
sladoled	Eiscreme
slana srdela	eingelegte Sardinen
škampi na buzaru	Scampi in Tomatensauce mit Zwiebeln
školjke na buzaru	Meeresfrüchte in Tomatensauce mit Zwiebeln
špageti frutti di mare	Spaghetti mit Meeresfrüchten
sol	Salz
tjestenina	Pasta gefüllt mit Fleisch und Reis
ulje	Öl

Getränke

bijelo vino	Weißwein
crno vino	Rotwein
gazirana/ negazirana mineralna voda	Mineralwasser mit/ohne Kohlensäure
čaj	Tee
kava	Kaffee
pivo	Bier

Zahlen

0	**nula**
1	**jedan**
2	**dva**
3	**tri**
4	**četiri**
5	**pet**
6	**šest**
7	**sedam**
8	**osam**
9	**devet**
10	**deset**
11	**jedanaest**
12	**dvanaest**
13	**trinaest**
14	**četrnaest**
15	**petnaest**
16	**šestnaest**
17	**sedamnaest**
18	**osamnaest**
19	**devetnaest**
20	**dvadeset**
21	**dvadeset i jedan**
30	**trideset**
31	**trideset i jedan**
40	**četrdeset**
50	**pedeset**
60	**šezdeset**
70	**sedamdeset**
80	**osamdeset**
90	**devedeset**
100	**sto**
101	**sto i jedan**
102	**sto i dva**
200	**dvjesto**
500	**petsto**
700	**sedamsto**
900	**devetsto**
1000	**tisuću**

Zeit

eine Minute	**jedan minuta**
eine Stunde	**jedan sat**
eine halbe Stunde	**pola sata**
Montag	**ponedjeljak**
Dienstag	**utorak**
Mittwoch	**srijeda**
Donnerstag	**četvrtak**
Freitag	**petak**
Samstag	**subota**
Sonntag	**nedjelja**

Kartenregister Dalmatien